SHODENSHA
SHINSHO

「捕物帳」の世界

博文／監修

祥伝社新書

はじめに

江戸幕府の町奉行所が、犯罪者や容疑者を捕縛に行くことを「捕物《とりもの》」という。町奉行所には、「捕物帳」という冊子があり、捕物を行なった記録を書き留めていた。これは、国立国会図書館に『旧幕府引継書《きゅうばくふひきつぎしょ》』として所蔵されており、古典籍資料室で閲覧することができる。三代将軍徳川家光《いえみつ》が没した時、由井正雪《ゆいしょうせつ》事件に関連して江戸で丸橋忠弥《まるばしちゅうや》が捕縛されているが、これも「捕物帳」に詳しく記されている。

「捕物帳」という用語が一般にも有名になったのは、大正六年に博文館の雑誌『文芸倶楽部《ぶんげいくらぶ》』で連載が始まった、岡本綺堂《おかもときどう》の『半七捕物帳』の存在が大きい。これは、ヨーロッパで人気のあった探偵小説を、江戸時代を舞台にして書いたものである。その際、探偵にあたる存在として、町奉行所同心が私的に使う岡っ引きを想定した。小説で半七は、明治になって新聞記者の取材に答える元岡っ引きとされている。その後、野村胡堂《のむらこどう》が『銭形平次捕物控《ひかえ》』を書き、「捕物」あるいは「捕物帳」を冠したシリーズは、時代小説の主流となっていく。

本書は、「捕物帳」をはじめとする、江戸時代を舞台にした時代小説を理解するために不可欠な知識を、提供するものである。

第一章では、江戸の町奉行をとりあげる。町奉行は旗本の役で、目付、遠国《おんごく》奉行などを歴任して昇進したエリートである。その町奉行の職務や有名な町奉行を紹介した。

第二章では、町奉行所の組織を解説し、町奉行の配下として活動した与力・同心の地位や職務を見ていく。半七や銭形平次は、同心が使う岡っ引きだったが、それがどのような者たちだったかもわかるはずである。

第三章では、町奉行所の裁判、刑罰を解説するとともに、義賊とされた鼠小僧次郎吉《ねずみこぞうじろきち》など江戸を荒らし回った盗賊たちを紹介する。テレビドラマの『大岡越前』や『遠山の金さん』で有名な町奉行の当意即妙《とういそくみょう》の裁判は必ずしも事実ではなく、町奉行が独自に出せる判決には限度があった。

第四章では、江戸の治安維持に大きく貢献した、江戸の町の自治について解説する。町奉行所は、現代の東京都庁や警視庁に比べればたいへん小さな組織で、町の自治がなければその職務を全《まっと》うすることができなかったのである。

第五章では、町奉行の職務と密接に関連する火付盗賊改方《ひつけとうぞくあらためかた》を見ていく。この職務は、池《いけ》波正太郎《なみしょうたろう》の小説『鬼平犯科帳』で有名だが、正しく理解している人は少ないだろう。ちなみに「犯科帳」は長崎奉行所の裁判記録であり、この用語も一般に膾炙《かいしゃ》している。

第六章では、江戸の牢屋敷を解説する。牢屋敷は町奉行所の付属施設で、牢屋奉行石出帯刀《いしでたてわき》が世襲した。刑務所のように思われているが、現在の拘置所に近い施設である。明暦《めいれき》の大火の時、独断で囚人を解き放った石出帯刀吉深《よしみ》は有名である。

最後の第七章では、関東取締出役と代官について解説する。時代劇に出てくる代官は、悪徳商人と結託する悪代官ばかりだが、彼らは勘定奉行所の職員であり、庶民のことを考える名代官も多く存在した。関東取締出役は、「八州廻り」とも呼ばれ、時代劇にも登場する。地位の高い者のように思われるが、実際は代官配下の手付である上に、農家の二男、三男が務めることもあり、中には博徒が務めることもあって「二足の草鞋《わらじ》」とも呼ばれた。

本書を読めば、江戸の時代小説やテレビの時代劇に対する理解が、格段に深まることは受け合いである。これから時代小説を書こうという新人小説家の手軽な参考書にもなるだろう。さらに深く研究したい読者には、町奉行所与力を務めた佐久間長敬《さくまおさひろ》による『江戸町奉行事蹟問答』や法制史学者平松義郎《ひらまつよしろう》の『近世刑事訴訟法の研究』などをお薦めする。

二〇一五年一〇月

東京大学史料編纂所教授　山本博文《やまもとひろふみ》

江戸「捕物帳」の世界◆目次

第二章　与力・同心・岡っ引き　

第四章　江戸の自治……173

第五章　火付盗賊改方……193

執筆協力●日本の歴史と文化を訪ねる会／編集協力●株式会社渋柿舎／図版作成●イストゥワールＦ2

第一章

江戸の町奉行

町奉行の誕生

江戸に南北町奉行ができるまで

戦国時代の末頃に、大名諸家が城下町の警察や民政を司《つかさど》る町奉行を設けたとされる。鎌倉幕府では検断《けんだん》奉行や地《じ》奉行といい、室町幕府では地方頭人《じかたとうにん》、検断職がこの仕事をしていた。岡崎時代の徳川家は、岡崎三奉行を置き本多重次《ほんだしげつぐ》、天野康景《あまのやすかげ》、高力清長《こうりききよなが》の三人が任にあたっていた。天正十八（一五九〇）年八月に、家康が江戸入りすると板倉勝重《いたくらかつしげ》を関東代官兼江戸町奉行に任じた。次の彦坂元就《ひこさかもとなり》も、慶長六年に任じられた青山忠成《あおやまただなり》と内藤亮清《ないとうすけきよ》も町奉行専任ではなかった。

町奉行が専任となるのは、慶長九（一六〇四）年に、米津田政《よねきづみちまさ》と土屋重成《つちやしげなり》の二人が南北町奉行に就任してからで、幕府草創期には、奉行所という決まった庁舎もなく、町奉行に任じられると自宅に白洲《しらす》を作り、毎月交替で裁判をしたり執務に当たっていた。

寛永八（一六三一）年十月に、加賀爪忠澄《かがつめただずみ》を南町奉行に、堀直之《ほりなおゆき》を北町奉行に任じた時に、はじめて八代洲《やよす》（現・八重洲《やえす》）河岸と呉服橋《ごふくばし》内に奉行所としての官署を開設した。この時から、町奉行を命じられると、奉行所内の役宅に住むことになった。

北町奉行所は二五六〇坪あり、表門は一万石から五万石の大名に許された片番所付きの長屋門で、南町奉行所は二六一七坪の敷地で、表門は五万石から一〇万石の大名に許された両番所付きの長屋門であった。屋根は城郭の屋根のように丸瓦と平瓦を交互に組み合わせた本瓦葺《ぶき》である。封建社会の階級観念から、武家屋敷には、現在多用されている桟瓦《さんがわら》は用いられない。

奉行所は武士の対話の中では「北の番所」「南の番所」と言うのが一般的だが、庶民は「御番所《ごばんしょ》」と御の字を付けて呼んだ。現在では、官庁はじめ個人の家にも表札があり、時代劇ドラマなどで「南町奉行所」とか「伝馬町《てんまちょう》牢屋敷」などの大きな表札が門に掛けられているのを見ることがあるが、当時は個人の家にも表札はいっさい出していなかった。

町奉行は老中の支配に属し、官位は従五位下、殿中での席次は〝芙蓉《ふよう》の間〟詰めで、某の守《かみ》と名乗ることができた。享保八（一七二三）年以後は、職禄三〇〇〇石とされ、遠山の金さんこと遠山景元《とおやまかげもと》の遠山家は家禄が五〇〇石のため、町奉行在任中は二五〇〇石の足高《たしだか》が与えられた。役禄は個人の所得になるものではなく、あくまでも役職をまっとうするための必要経費である。

町奉行所の経費を補填《ほてん》するため、犯罪人から闕所《けっしょ》として没収した土地の一部を奉行持ちとし、町年寄が借地人から地代を徴収して奉行に納入した。これらは与力や同心への盆暮れの贈り物や弁当代に使われ、不足分は奉行自身が負担している。

後には二五〇〇両の役金も支給され、加えて支配下の牢屋敷の経費など二〇〇〇両も支給されたとされ、奉行所内で使う筆墨紙、蝋燭《ろうそく》や灯油などの経費や、手柄のあった与力や同心への褒美金などは、闕所で没収した財産や過料などで賄《まかな》ったようだ。

町奉行には、あまり高禄の者がなっては、庶民生活を知らなすぎるため、比較的家禄の低い者が選ばれる傾向にあった。職禄の上では大目付や小普請《こぶしん》支配と同等の三〇〇〇石で、旗本の就く最高の役職だが、大番頭の五〇〇〇石、書院番頭、小姓組頭《こしょうぐみ》の四〇〇〇石よりは下位であった。

町奉行が外出するには長棒の駕籠《かご》に乗り、供に先徒士《さきがち》、鎗《やり》同心、駕籠脇《わき》侍、陸尺《ろくしゃく》、蓑箱《みのばこ》持ち、挟箱《はさみばこ》持ち、乗馬《のりうま》、御附《おつき》、合羽籠《かっぱかご》持ちなど二五、六名を引き連れる格式だが、火事場への出馬では二本の槍を立てることが許され、一〇万石の大名の格式とされた。

超忙しい町奉行の仕事

奉行という言葉の意味は、上命を奉じて下達することで、奉行と名の付く役職は、畳奉行や書物奉行など一〇〇近くもあり、将軍の命を奉じたそれぞれの部署の責任者である。人を捕らえて裁くことのできる役職も二〇ほどあり、江戸には寺社奉行、町奉行、勘定《かんじょう》奉行や火付盗賊改方が置かれた。地方には幕府直轄地を支配する京都町奉行や大坂町奉行、長崎奉行などの遠国奉行もあり、関東郡代や代官なども犯罪人を裁いた。

中でも町奉行は江戸の町の行政、司法、警察に関する一切を司っていた。江戸の面積の六割は武家地が占め、寺社地が二割。残り二割の町地に五〇万人におよぶ一般庶民が押し込められて居住していた。町奉行はその町地を管掌《かんしょう》したが、目付の管轄である旗本を逮捕することはできず、寺社町の門前地は寺社奉行の支配のため踏み込めない。

湯屋《ゆや》や矢場《やば》の風紀が悪いなどという報告は、幕閣や目付から出されることが多く、そうなると目付と相談して、市中は町奉行の与力や同心が、郡村は勘定奉行の代官が取り締まった。

町奉行と言えば、警察権を行使する役目ばかりが取り上げられるが、江戸市中の民政全般に携《たずさ》わり、訴訟を採決し、宿次ぎの馬や人夫を監督、町会所の町費の算定と積み立てから利用状況、物価の調査や市中の橋の保存や修理までも受け持ち、膨大な仕事量である。

したがって町奉行の任務を現在で言えば、東京都知事と警視総監、地方裁判所所長、消防署長などを兼任するものとされる。奉行所には訴訟だけでも年間に三万五〇〇〇件以上も持ち込まれ、一日に一〇〇件をこなさねば〝一件落着〟とはいかないのである。

町奉行は文官の旗本が就く職で、大名を監察する大目付や留守居などの要職へ累進《るいしん》する出世コースでもある。町奉行になるには長い役職履歴が必要とされ、少なくとも幕府の制度や法規を熟知し、旗本を監察する目付を経験し、遠国奉行を一カ所は経験して、与力や同心を指揮して民政を経験した者がなっている。

町奉行になると奉行所内の官舎に住み、朝六時には奉行所で残務整理をし、一〇時には江戸城に登城して〝芙蓉の間〟に詰め、刑の執行などについて老中に伺い、午後二時になると下城して奉行所で執務をこなす。さらに毎月九日、十八日、二十七日には〝内寄合《うちよりあい》〟という、月番の奉行所に南北町奉行が会って、いろいろと事務の打ち合わせをせねばならず、働きづめの毎日なのである。そのため町奉行は、要領よく敏捷《びんしょう》に立ち働かねばならない。

また、当時の法には細則がないため、奉行の考えが大きく影響した。それだけ手腕の振るいどころとなって、幕閣も旗本の俊秀をもって任じる花形職である。町奉行を拝命するのは幕臣として名誉なことで、町奉行に就任すると家紋の付いた提灯を玄関や門前に掲げ、市民

◆『刑罪詳説』に描かれたお白洲の様子

に知らせる慣習があった。

　幕府の治政が儒教を根本としたことで、町奉行は悪事を罰するだけでなく、目立った親孝行などの善行には、青挿《あおざ》し五貫文（一文銭を青く染めた麻紐で括《くく》ったもの）を与えて褒賞した。

　被疑者が町奉行所に送られると、お白洲に出頭させて奉行が一通りのことを尋ねる。このお白洲の開廷は、科人《とがにん》が奉行所に連行されると真冬の夜でも開かれた。町奉行所内に町奉行の官舎があったのは、こういう場合に必要だったからと思われる。

　奉行が容疑者に尋問する前に、すでに同心が調べて書面になっているから、町奉行が「これに相違ないか」と聞き、被疑者が「それに相違ございません」と応えると「吟味中、入牢を申しつける」と言い渡す。町奉行が「入牢を申しつける」と言わないかぎり、仮牢にも入れられない。

その後は、町奉行所吟味方《ぎんみかた》与力が奉行の代理として取り調べ、難しい事件では奉行が屏風《びょうぶ》の陰で聞くこともあった。証拠が明白であっても被疑者本人の自白が必要とされたため、取り調べには拷問《ごうもん》も許されている。

被疑者が自白すると「吟味詰り之口書《くちがき》」が作成され、「不届きの段は申し訳なく、重々謝り候」と書かれて、被疑者が犯罪を認めて謝るという形が取られている。最終審問にはふたたび奉行が登場し、口書に誤りがないかを問い、被疑者が認めればそれで終わる。

この後、町奉行所御用部屋の手付同心が前例などを調べ、『御定書百箇条《おさだめがきひゃっかじょう》』などの条項にあたるかを答申し、奉行が決定した。町奉行が判決できるのは中追放までである。

町奉行所のお白洲に奉行が出座して、被疑者に判決を申し渡すが、幕府の威信を傷つけるため、無罪を申し渡すことはなかった。また死刑に処せられる者は、小伝馬町《こでんまちょう》の牢屋敷内の改番所の庭先で検使与力が申し渡し、即座に執行された。

寺社、町方、勘定の三奉行が自分の支配だけであつかえる事件を「捌き物《さばきもの》」と言う。各奉行には多くの役目があるが、役目の一部である公事《くじ》訴訟は目立つもので、奉行の手腕が知れるため力を入れねばならなかった。

大名のお家騒動など大事件や、寺社、町方、勘定の三奉行の所管が入り混じった事件では、三奉行が評定所《ひょうじょうしょ》に集まり審議したので「評定物」という。大事件は老中や大目付が列座すると「五手掛《ごてがかり》」とされたが、ここでは町奉行の意見が尊重された。評定所では目付が立ち会ったが、目付は発言も中座も許されなかった。長い時間を身動きもせずに座り続けるため、菅《すが》沼《ぬま》某はついに小便を漏らしてしまい、寺社奉行の膝にまで流れたという。

江戸の範囲はどこまでか

家康の江戸入府以来、江戸に人口が流入したが、慶長八（一六〇三）年に家康が征夷大将軍に任じられると、一武将の城下町の江戸から武家政権の首都になった。江戸城の周辺には大名の屋敷が建ち並び、すさまじい勢いで無秩序に市街地が膨張していった。この頃は城下の三里四方が江戸であるという認識であったようだ。その外郭では、当時は鹿や猪《いのしし》が出没していたという。

明暦三（一六五七）年正月に発生した明暦の大火が、大名屋敷や市街地の大半を焼き尽くしたが、これを契機として、綿密な都市計画のもとで江戸を再開発することになった。

江戸の市街地が深川《ふかがわ》、本所《ほんじょ》、浅草《あさくさ》、牛込《うしごめ》、赤坂《あかさか》、麻布《あざぶ》などに膨張していった。これらの地は焼け跡や農地に密集して建った雑戸《ざっこ》の街のため風紀が悪く、警察力が弱い勘定奉行支配の

文政元年（一八一八）に幕府評定所が制定した江戸の境界

◆北町奉行所跡の碑

◆南町奉行所跡の碑

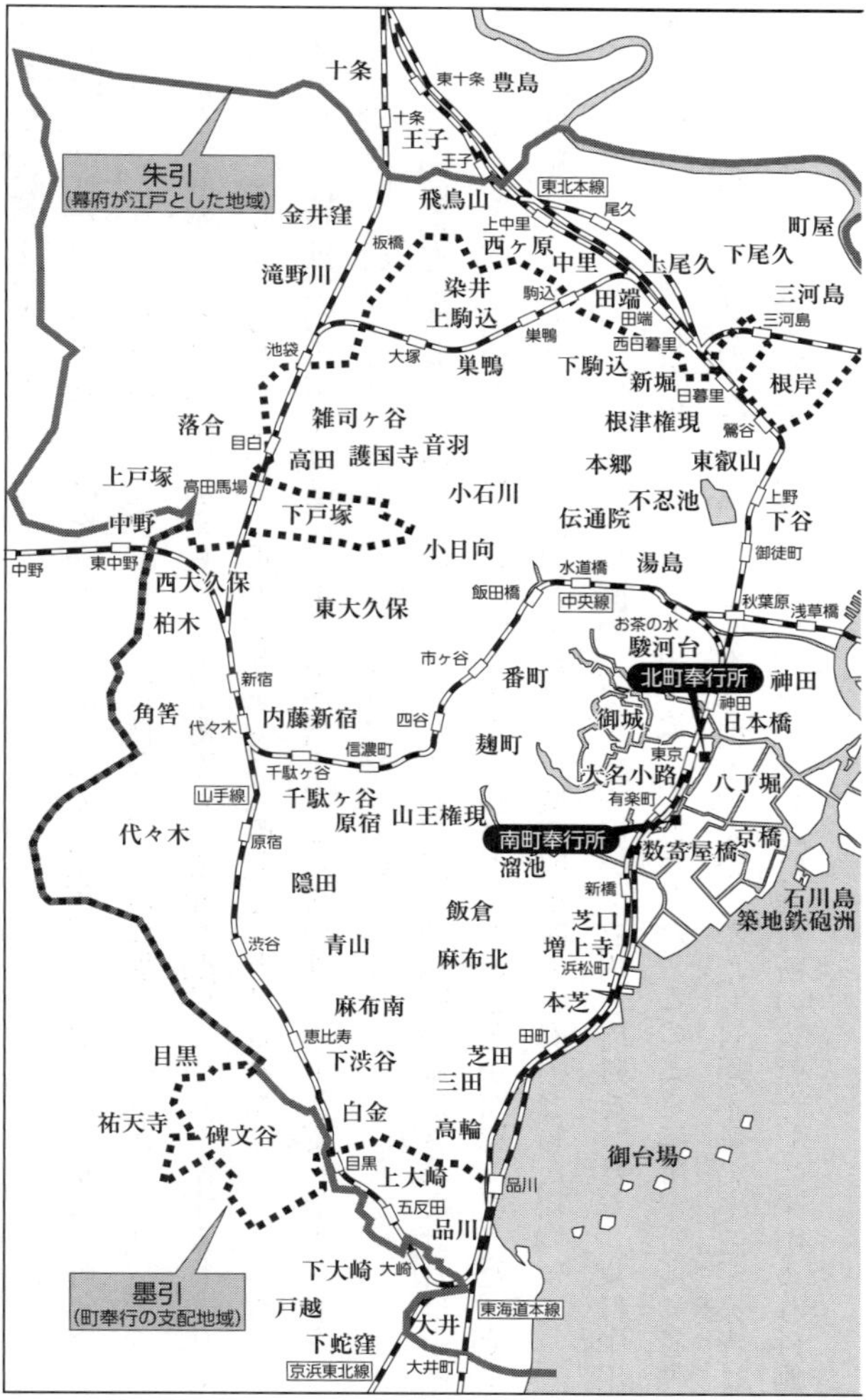
十条
東十条
豊島
十条
王子
王子
朱引
(幕府が江戸とした地域)
東北本線
飛鳥山
金井窪
上中里
尾久
町屋
板橋
西ヶ原
中里
上尾久
下尾久
滝野川
染井
駒込
田端
三河島
上駒込
田端
三河島
池袋
大塚
巣鴨
西日暮里
巣鴨
下駒込
新堀
根岸
日暮里
雑司ヶ谷
鶯谷
落合
根津権現
目白
音羽
高田
護国寺
本郷
東叡山
上戸塚
高田馬場
小石川
不忍池
上野
下戸塚
伝通院
下谷
中野
小日向
御徒町
中野
東中野
水道橋
湯島
西大久保
飯田橋
中央線
秋葉原
浅草橋
東大久保
柏木
お茶の水
駿河台
市ヶ谷
番町
北町奉行所
神田
新宿
御城
神田
角筈
代々木
内藤新宿
四谷
日本橋
麹町
信濃町
東京
大名小路
八丁堀
千駄ヶ谷
山手線
千駄ヶ谷
有楽町
原宿
山王権現
南町奉行所
京橋
代々木
原宿
数寄屋橋
溜池
隠田
新橋
石川島
飯倉
芝口
築地鉄砲洲
渋谷
青山
増上寺
麻布北
浜松町
本芝
麻布南
田町
恵比寿
芝田
目黒
下渋谷
三田
白金
祐天寺
碑文谷
高輪
御台場
目黒
上大崎
品川
五反田
品川
下大崎
大崎
墨引
(町奉行の支配地域)
戸越
東海道本線
大井
下蛇窪
京浜東北線
大井町

代官では手に負えなかった。

町奉行は江戸市民の平安と秩序を守る者であるため、正徳三（一七一三）年に、町年寄からの申請があり、これらの新開地を町奉行の管轄とし、江戸に加えたのである。江戸府内には地租がないが、新たに江戸に加えられた地は町奉行の支配を受けながら、勘定奉行の代官から年貢を取り立てられるという二重の支配を受け〝町並地《ちょうなみち》〟と呼ばれた。

その後も江戸近郊の市街化は進んで町並地が増え、これらの地域も町年寄、地主、名主という自治機関に加わることで府内とされるようになっていく。

やがて『御定書百箇条』にある「江戸払《えどばらい》」にしても、江戸の範囲が確定されなければ意味がないなどから、幕閣の中で、江戸の範囲を確定せねばならないことが問題になった。そこで幕府は寛政三（一七九一）年に、おおまかに江戸城の四里四方を府内とした。

文政元（一八一八）年になって、地図の上に朱《しゅ》線を引いて府内と府外を分けた。東は中川《なかがわ》、西は神田上水《かんだじょうすい》、南は目黒《めぐろ》川、北は石神井《しゃくじい》川下流の内側とした。このときに町奉行所の管轄も朱引の内側に黒線を引いて決定し、これを墨引《すみびき》と呼んだ。ただし目黒不動のある瀧泉寺《りゅうせんじ》は、富籤《とみくじ》が行なわれて大勢の人が殺到するため、その部分は町奉行所の管轄として朱引より外側に出ている。

町奉行が南北の二人だけでなかった時期もある

幕府役人は、職務を競争させ、互いに牽制《けんせい》させて不正を起こし難《がた》いように、複数制を基本としている。

町奉行の職務があまりにも多く、一日も休むことができないため、南北二人の奉行を置き、隔月に執務をした。月番の町奉行は表門を八の字に開き、新しい公事《くじ》訴訟を受け付ける。非番といっても遊んでいるわけではなく、月番の時に受理した事件の整理と処理にあたった。

重大な訴訟があれば、月番が受けて非番と協議し、緊急の事件には非番といえども出動し、刑事事件は月番と非番に関係なく犯人逮捕のために部下を指揮した。つまり、新規の訴訟は月番の奉行所が受け付け、非番の奉行所は受け付けないというだけである。

また、町奉行が独善に陥《おちい》ることのないよう、一方の奉行が老中に上申書を提出するときには、あらかじめもう一方の奉行に、その書類を示して了解を得ねばならず、両奉行の連名で提出した。

南北町奉行所の組織規模も業務も同じだが、書物、酒、廻船、材木問屋は北町奉行所が、呉服、木綿《もめん》、薬種問屋は南町奉行所が窓口となってあつかい、町年寄の樽屋《たるや》が前者を、奈良屋《ならや》が後者の掛かりとして、業務をあつかった。

だが、町奉行が常に二人体制であったわけではなく、慶長十八(一六一三)年に就任した島田利正《しまだとしまさ》は、町奉行を約二〇年間も一人で務めている。

また、元禄十五(一七〇二)年には、南北奉行所のほかに、鍛冶橋《かじばし》内に中町《なかまち》奉行所を設け、享保四(一七一九)年までの約一七年間続いた。

この時期は、華やかな元禄文化が開花して風紀も乱れたためか、三年前に廃止されていた盗賊改《あらため》を復活させ、博奕《ばくち》改と中町奉行所が新設されたのである。急激な江戸の膨張により、仕事が増えた南北町奉行の負担を軽減させることも考えられるが、こうした警察組織の矢継ぎ早の強化は、幕閣が不穏なものを予感したことが想像できる。

その不穏な動きは、前年の元禄十四(一七〇一)年三月に起こった。播州《ばんしゅう》赤穂《あこう》藩主浅野《あさの》長矩《ながのり》が殿中の松の廊下で、吉良義央《きらよしひさ》に対して刃傷《にんじょう》におよぶ事件があり、幕府は即刻長矩を切腹とし赤穂藩を改易《かいえき》した。元禄赤穂事件である。

赤穂藩国家老の大石良雄《おおいしよしお》らの遺臣は、幕府に長矩の弟大学《だいがく》へのお家再興を願っていた。だが、幕府は元禄十五(一七〇二)年七月に、大学を広島藩の浅野本家預けとする断を下し、翌月には中町奉行所を新設しているのである。

幕閣中枢の柳沢吉保《やなぎさわよしやす》は、吉良の屋敷を呉服橋内から水路の巡らされた本所へ移転させ、中

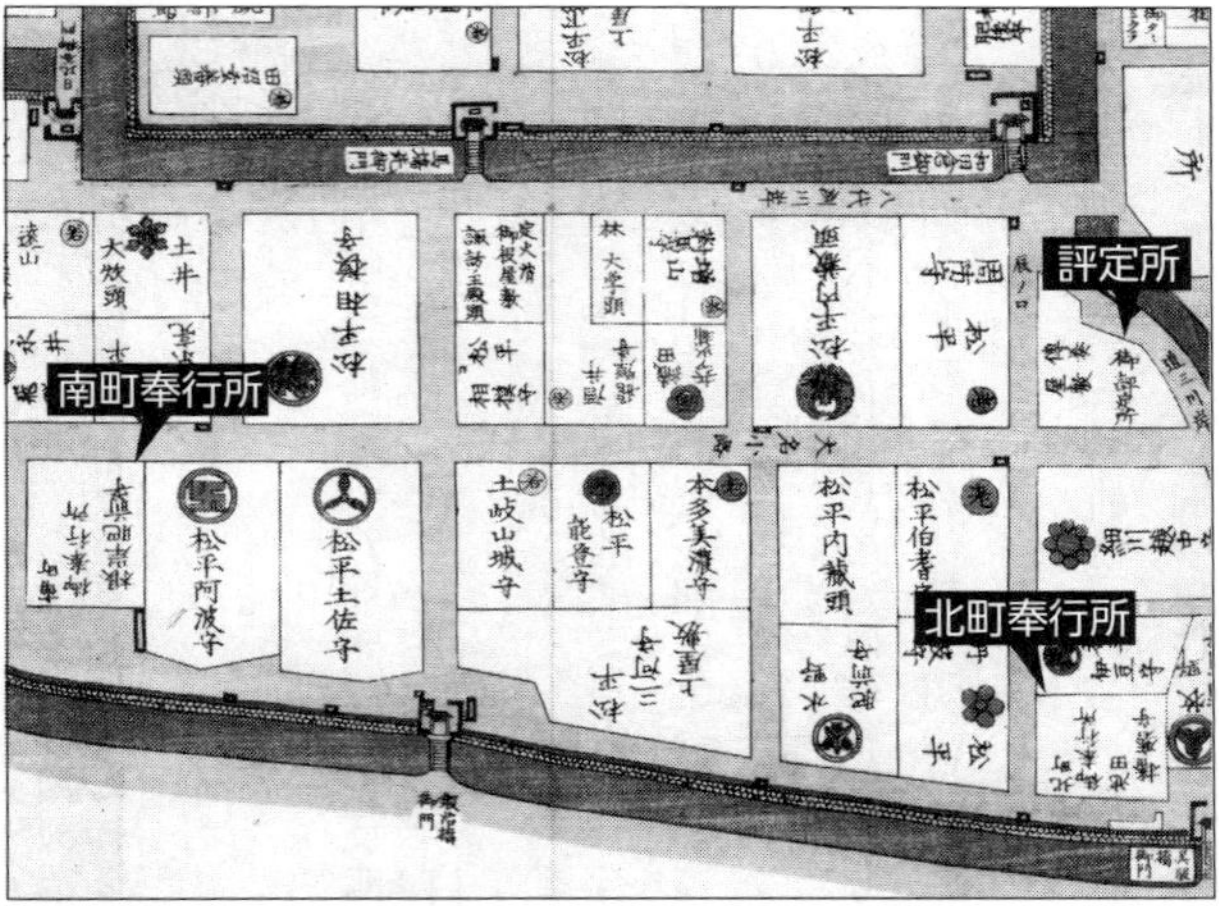

◆南北奉行所の位置　この切絵図は、幕末の慶応元年（1865）に再版された尾張屋板切絵図だが、なぜか奉行の名は当時のものではない。北町奉行所の上方に評定所がある

町奉行には柳沢が目付から抜擢《ばってき》して長崎奉行にしていた丹羽《にわ》長守《ながもり》を呼び戻した。その配下には両町奉行所から、腕利きの与力三人と同心一〇人を選び、三浦岬走水《はしりみず》の船番所と浜名湖新居《あらい》関所から与力と同心を転勤させている。

望みを断たれた大石は、京の山科《やましな》の閑居を引き払って江戸に向かった。この大石の動きを柳沢は摑《つか》んでいただろう。年末の十二月十四日に、大石ら赤穂藩遺臣の四七名は、吉良邸に討ち入って吉良を討っているが、その裏には柳沢の計《はか》らいが潜んでいるように思われる。

柳沢は赤穂藩遺臣が自棄《やけ》になって騒動を起こし、それによって市中が騒乱になる歯止めとして、中町奉行所を新設したのではないだろうか。

役目を果たした丹羽は、宝永四（一七〇七）年に北町奉行に転任した。この時、なぜか北町奉行松野助義《まつのすけよし》が南町奉行に、南町奉行の坪内定鑑《つぼうちさだかね》が中町奉行に就くという、人事の一回転をしている。

二代目中町奉行になった坪内は、正徳四（一七一四）年一月に起こった大奥の大スキャンダル「絵島生島《えじまいくしま》事件」では、評定所の一員として裁定に加わり、紀州藩主徳川吉宗《よしむね》が八代将軍になる道を付けている。

享保四年に坪内が、高齢により中町奉行の辞任を許されると、中町奉行所は廃止され、ふたたび町奉行は南北の二人制に戻った。

幕末の慶応三（一八六七）年七月には、江戸に外人居留地を設け、南北二人の町奉行に加え、外国奉行並朝比奈昌広《なみあさひなまさひろ》が町奉行になり、杉浦周知《すぎうらちかとも》も町奉行並に任じられ、四人の町奉行がいた時期もある。この体制は明治元年の町奉行廃絶まで続いた。

民事訴訟での奉行の執務

奉行の職務は、まず刑事事件で、与力と同心を差し向けて犯罪者を捕縛《ほばく》させることがある。

◆江戸の警察組織

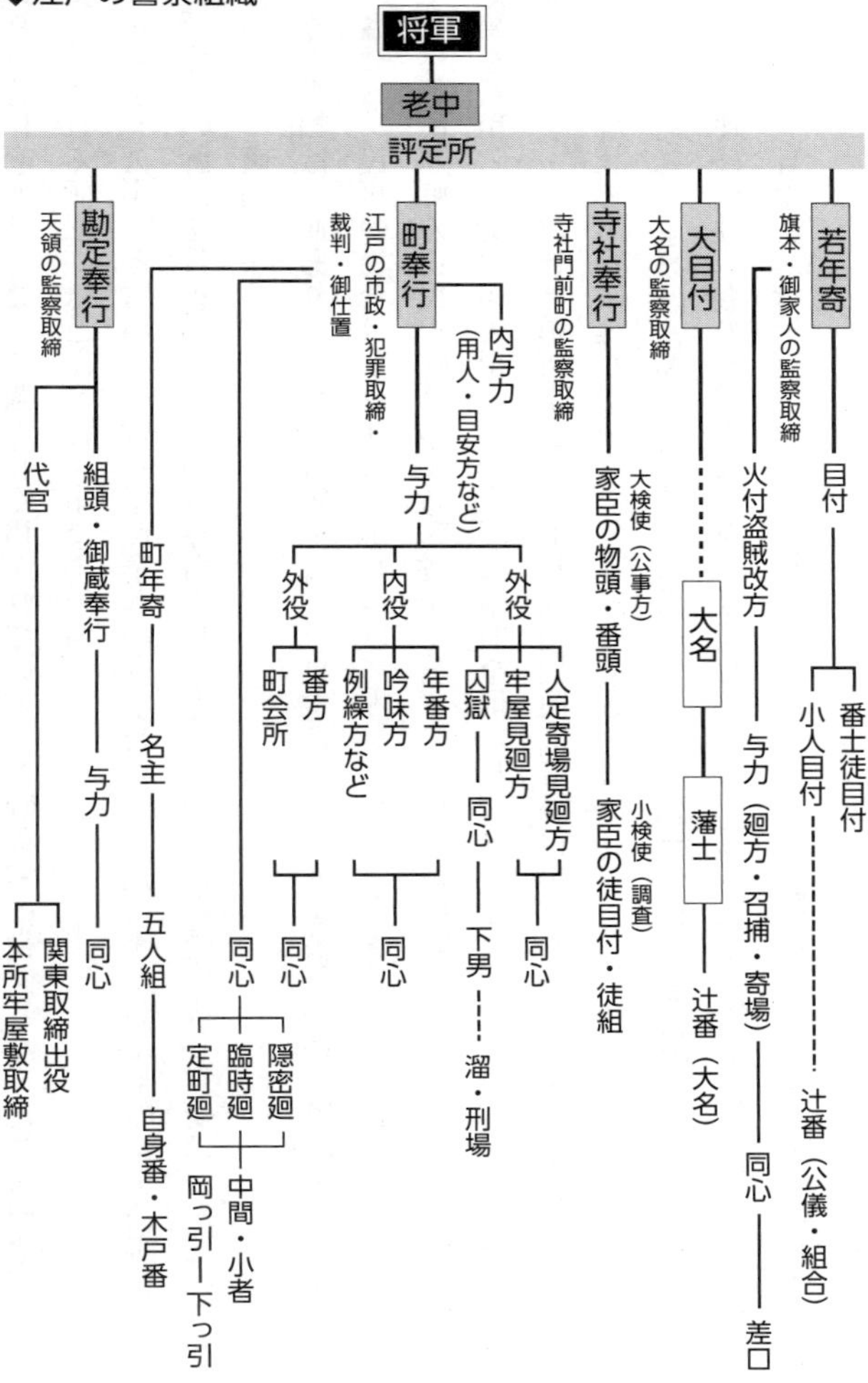
将軍
老中
評定所
若年寄
旗本・御家人の監察取締
目付
番士徒目付
小人目付
辻番（公儀・組合）
火付盗賊改方
与力（廻方・召捕・寄場）
同心
差口
大目付
大名の監察取締
大名
藩士
辻番（大名）
寺社奉行
寺社門前町の監察取締
大検使（公事方）
家臣の物頭・番頭
小検使（調査）
家臣の徒目付・徒組
町奉行
江戸の市政・犯罪取締・裁判・御仕置
内与力
（用人・目安方など）
与力
外役
人足寄場見廻方
牢屋見廻方
囚獄
同心
下男
溜・刑場
内役
年番方
吟味方
例繰方など
外役
番方
町会所
同心
隠密廻
臨時廻
定町廻
中間・小者
岡っ引
下っ引
町年寄
名主
五人組
自身番・木戸番
勘定奉行
天領の監察取締
組頭・御蔵奉行
与力
代官
関東取締出役
本所牢屋敷取締

これは時代劇ドラマなどで華々しく描かれている、お馴染みの役回りだ。ところが奉行所に持ち込まれる訴訟のほとんどは民事なのである。

訴訟を「公事《くじ》」と言い、一般的な民事訴訟は本《ほん》公事、金銭にかかわるものを金《かね》公事と言った。民事の訴訟を月番の奉行所の内与力の目安方が請願書類を受け取り、受理したという認定のため、裏判をする。

この書類は二通あり、奉行は書類を読んで裏書きし、一通を被告の住む町の名主に送りつけさせる。民事の場合は七日間の猶予をつけて内済《ないさい》（和解）をさせるのが基本である。

町奉行所が町の住民を呼び出す時、書類を名主に届けるのは同心の役目である。同心は羽織袴を着用して御用箱を担いだ奉行所の中間《ちゅうげん》を供《とも》にし、封をした公文書の「差紙《さしがみ》」を名主に届ける。名主は原告と被告を呼び、七日間の期限内で調停を試みるが、和解が成り立たない時には、訴状を奉行に返して裁決を乞《こ》うのである。

訴人から訴訟を受けた奉行所は、「差紙」や「呼出状」で被告を召喚する。「差紙」は日を定めて呼びつけるもので、それを拒《こば》めば罰せられる。「呼出状」はやや寛大なものである。逃亡のおそれがある被告には、「手当呼出状」または「心附呼出状」を出して、町役人《ちょうやくにん》に監視させた。

事件が奉行の手に移ると、奉行は原告と被告の両者に「和解をしてはどうじゃ」と形式的に尋ね、次回からは奉行から一任された与力が担当して取調べにあたる。取調べ中にも和解を勧めるが、和解が成り立たなければ、与力の調書によって奉行が裁決した。

法廷では代人は許されず、庶民は原告と被告ともに必ず五人組や名主が同伴して出頭せねばならない。

与力は念入りに調べ、原告と被告から口書爪印《くちがきつめいん》を取り、例繰方《れいくりかた》同心が前例を探して、奉行の申し渡しの文句も整えた。ここでお白洲に奉行が登場し判決を言い渡し結審《けっしん》する。このように奉行が訴訟にかかわるのは、最初と最後だけである。

当時の政治は儒学思想を根本としており、親族間の訴訟は真にやむを得ない場合のほかは厳禁し、従者が主人を訴えることはできず、庶民が武士を訴える場合は、庶民に不利な内済で処理されることが多かった。

寺社奉行、町奉行、勘定奉行の心得として、三代将軍家光の言葉が大事にされていた。その一つは「奉行の捌《さば》き」で、理非を明らかにして、証拠のあるほうを勝たせて、証拠のないほうが負けになって差し障りがないとするものである。

もう一つは「天下の捌き」という考えである。理非を曲げるものではないが、負けた側がその後の生活や商業活動に難儀せぬように、配慮も考えてやるというものである。たとえば、板倉宗重が裁断したものとして、公家の主従が諍《いさか》いになり訴訟になった。調べてみると主人のほうに無理があった。だが、家来が主人に勝つということは許されない。そこで理を非とすることはできないが、主人と家来で四分《しぶ》と六分《ろくぶ》で落着させたということもあった。

町奉行も関わらなかった大名同士の問題

幕府は諸大名に自治権を認めているが、江戸で制定された法令を厳守させ、藩法を幕法に準拠《じゅんきょ》させたことで、幕府と諸藩の間で矛盾する法はなかった。幕府は大名の藩領や藩邸は治外法権として認め、町奉行の手が届かないものであった。だが藩邸を一歩出ると江戸府内のため、町奉行所の役人の手に余れば、たとえ武士であっても捕縛した。

藩と藩の間でも互いに矛盾はないのだが、実際には二藩の間で事務的な円滑さを欠き、他藩の庶民が自領で犯罪を起こした場合は、犯罪者の本国に届けないで、自藩の法で対処した。だが、武士の場合は面子《メンツ》が絡むためやっかいなことになる。幕府は両藩の掛け合いを監視し、それが不調に終われば、幕府の評定所で裁判にかけることになる。

天保七（一八三六）年三月、佐賀藩主鍋島斉正《なべしまなりまさ》が参勤のお暇で東海道を下った。大名の道中には宿割りの家臣が先行し、投宿《とうしゅく》する宿場の入口に「松平肥前守《まつだいらひぜんのかみ》旅宿」と書いた関札を、立てるのが慣例である。このとき鍋島家の宿割りは品川宿に関札を立てていた。

御三卿の一橋斉位《ひとつばしなりくら》が川崎あたりに出かけ、お供の家来は品川宿の茶屋に上がって昼食をとり、徒士の中島、平井、九里の三人は、つい酒がすぎて大酩酊《めいてい》していた。酔眼に鍋島家の関札が目につき「あの関札が目障りだ」と言い出した。

鍋島斉正と一橋斉位は、将軍家斉の姫君を正室にしていたので相婿であるが、一橋斉位のほうが妹姫をもらっていたので義弟という関係である。

「わが主君は公方様に近いのだ。田舎大名が兄貴面《づら》をして……」と関札を取り除《の》けようとした。品川本陣の者が引き止めたが、一橋家の酔漢三人は関札を捨てたので、本陣の者はそれを持ち帰って、台所の膳の上に置いた、それを見た中島は、関札を土足で踏みにじった。

これを知った鍋島家は、一橋家に「無礼者を当方に引き渡せ」と強硬《きょうこう》に申し入れたが、一橋家はこれを突っ返したので凄《すさ》まじい交渉になった。

品川宿は代官の支配地だが、警察業務は町奉行が受け持っていた。大名同士の諍《いさか》いであるため、町奉行は間に入らず交渉を見守った。交渉は決裂し、評定所に判断を委ねることになった。鍋島藩側は「松平の称号をしたためたものを、土足にかけられて恥辱を受けた」とすると、一橋家側には抗弁の余地はなかった。

幕府は一橋家の中島を獄門にかけ、平井と九里を遠島という判決を下したのである。

奉行も泣かされた親孝行

大坂堀江橋《ほりえばし》の桂屋太郎兵衛《かつらやたろべえ》は北前船《きたまえぶね》の船主で、元文元（一七三六）年に、船頭の新七《しんしち》に命じて秋田から大量の米を積ませて、荷主から運賃を貰い大坂に回送させた。ところが海上は風が強く、船が破損して水船になったが、船頭たちはどうにか助かった。

米も多くは無事だったが、このままでは荷主に弁償が必要である。当時の法では、破船になった場合は積み荷の弁償は免除されるため、新七は破船になったとして、残った米を現地で売り払って大坂に帰った。新七から事情を聞いた太郎兵衛は、悪いこととは知りながら、新七と金子《きんす》を山分けし、現地に人を遣わして水船を売り払っていた。

ところが怪しいと思った荷主は、津々浦々を尋ねて廻り、新七が米を売り払ったことを突き止めて、大坂町奉行所へ訴えたのである。

奉行所は新七に出頭を命じたが、新七は逃走してしまい、船主の太郎兵衛を捕らえて牢に入れ、妻子は町内預けとした。二年が経っても新七の行方《ゆくえ》は知れず、奉行所は太郎兵衛を身代わりとして、三日間晒した上で斬罪とすることを、江戸の老中に伺って決定した。

太郎兵衛には一六歳の長女いちをはじめ五人の子があり、いちは「父が罪を犯したのも自分たちを養うためで、自分たちを父の命に代えてもらうよう奉行所にお願いしよう」と決意して父の助命嘆願書を書いた。

いちは長男の長太郎（一二歳）は養子で、男だから父母を養わせるために残しておこうと考え、自分と次女のまつ（一四歳）、三女のとく（八歳）、次男の初五郎（六歳）の命と、父の命を引き替えてもらおうと、長太郎に案内させて、次女のまつを伴って奉行所に赴いた。

大坂町奉行も東西の二カ所があり、月番の佐々成意《さっさなりもと》は門番から三人の嘆願のことを聞いたが、すでに老中の裁可が出ており、大坂町奉行では何ともできない。なだめすかして帰せと命じたが、子どもたちは泣くばかりで帰ろうともしない。

そこへ、たまたま所用があって、大坂城代の太田資晴《おおたすけはる》が町奉行所にやってきて、この騒動を知ることになった。太田は「さてさて不憫《ふびん》のこと。明日召し出して尋ねよう」とし、翌日には町の年寄五人に子どもたちを連れさせて出頭させた。

奉行の佐々が子どもたちを尋問し、いちは母に知らせなかったことを「命を捨てようという子に、死ねと言う母親がいるでしょうか。それゆえ知らせなかったのです」と答え、嘆願から名を外されていた長太郎は「実の父ではないが恩を受けたことは同じ。母の身代わりは女でしょうが、父の身代わりですので、私の命を召し取ってください」ときっぱりと言い切った。

佐々は長女のいちの発案であることを確信し、翌日のお白洲に五人の子を連れて出頭した町年寄に、「彼らの願いを不憫に思い、江戸表へ伺うので、それまでは太郎兵衛の処刑は延期する」と言い渡した。

そして元文四（一八三九）年三月二日に、五人の子と町年寄たちの出頭命令が出され、佐々は「太郎兵衛の罪は重いが、今年は大嘗祭《だいじょうさい》があったので恩赦があり、太郎兵衛は大坂南北組と天満《てんま》の地をお構いとする。汝らの願いによって赦されるものではないが、願いを不憫として御評議もされた。子どもらに構いはなし。世話をする者があれば、身を寄せなさい。四年の間は父に逢うことはかなわぬので、暇乞《いとまご》いを赦す」と言い渡し、引き合わされた親子は、うれし泣きに泣くばかりで、奉行以下居合わせた者も涙を流さぬ者はなかった。

江戸時代は、現代と比較にならないほど身分の差や貧富の差が大きく、江戸時代特有の事件も多く、刑罰も残酷な死刑や体刑があったが、こうした人情裁きもあったのである。

町奉行にとって最悪の日

奉行所への出入りは、公用の他は入れなかったが、年に一度だけ六月七日の中橋天王祭礼《なかばしてんのうさいれい》の時は、男女を問わず諸人が入ることを許された。

この日は御輿《みこし》が江戸城大手を廻って町奉行所に入り、奉行の名代として内与力が奉幣し御酒を供えた。御輿が奉行所に入るのは米津田政と土屋重成が南北町奉行をしていた時からのもので、奉行所に勤務する与力や同心の家族も着飾って、父や夫の職場である奉行所見物に訪れたという。

将軍宣下《せんげ》や婚礼などの祝い事があると、江戸城内で御前能が催された。これにはお能拝見として、幕府諸役人も陪観するが、家主などの町人も拝観を許されている。

だが家主たちはこれを敬遠し、賃銭を与えて名代《みょうだい》の者を行かせていた。代理の者たちは各自で徳利を持参するが、これは尿意をもよおしたときのためである。大手門を入るときに番傘をもらい、騒々しく舞台下の砂利の上に座らされる。

中入りになると、月番の町奉行が錫《すず》の瓶子《へいし》に入った酒と菓子を並べ、公方様（将軍）から下された旨を述べ「町人ども、承《うけたまわ》れ！」と言うと、町人たちは「イヤー親玉！　うまい」などと言って喝采《かっさい》した。親玉とは将軍のことだが、役人たちは制止しなかった。町人の狂態を見ることが、将軍の〝お慰み〟になったからである。

　将軍が下情を直接に知るために、この日に限って会話の中で町奉行の悪口を言ってもよいとされたが、町奉行にとっては最悪の日だっただろう。町人から「某の守《かみ》、しっかりしろ」とか「間抜け」「馬鹿」と、普段では考えられない罵声《ばせい》が浴びせられたという。

◆膨張する江戸

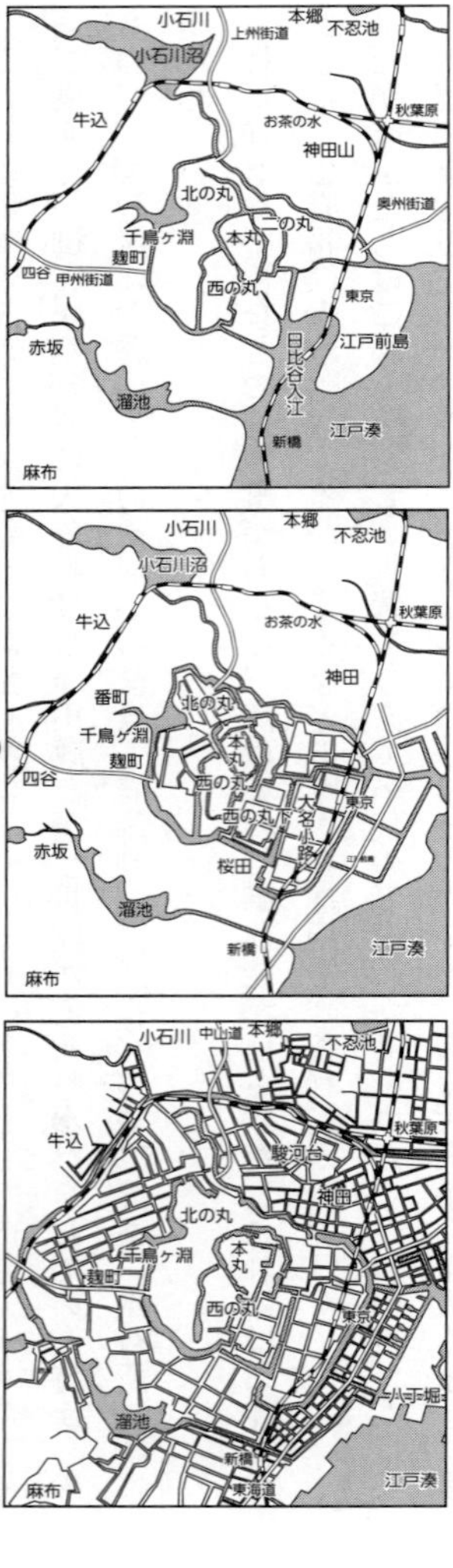

慶長7(1602)年頃
慶長13(1608)年頃
正保元(1644)年頃

町奉行たち

大岡忠相《おおおかただすけ》　大岡越前で知られる名奉行

誰もが知る名奉行大岡越前

歴代の町奉行は九五人とされるが、町奉行の名で筆頭に挙げられるのは、大岡越前守《えちぜんのかみ》忠相だろう。

庶民が理想とする町奉行として語られる、大岡越前守が裁いたとされる「三方一両損」「実母と継母《ままはは》の詮議」「石地蔵吟味」などは、頓智と人情味のある裁定として知られている。だが、実はそれらは大岡とは関係ないものとされている。

たとえば、大岡以前の万治四（一六六一）年に南町奉行になった渡辺綱貞《わたなべつなさだ》は、医者がハンセン病の治療を五両で引き受け、全快したから約束の金を支払えという訴えの裁きをしている。患者は「自分は治っていないと思うが、御奉行様が支払えと言うなら背《そむ》きません。しかしすぐには金ができかねます」と言う。

そこで渡辺は「約束だから払わずに済まぬ。どこかに奉公してその給金で払えば良かろう」とすると、「こんなに顔が青膨《あおぶく》れした者を、誰も雇ってくれますまい」と応じた。渡辺は医者に向かって「お前が全快したと言うのだから、お前が請《う》け人になって奉公させ、その給金を薬代にあてるよう」と言うと、医者は驚いて「こんな青膨れをした者を誰が雇いましょう」と答えた。

渡辺は「それはまだ治っていないということだ。人の苦しみを助けるのが医者の本質であることを、お前は知っているのか」と怒声を張り上げ、追い払ってしまったのである。これなどは大岡政談になりそうな話である。

大岡裁きとされるものの多くは、他の書物から流用されたものとされるが、大岡が町奉行在任時に行なった江戸の施政は、代表的な名奉行と評価されるに余りあるものであった。

大岡は延宝五（一六七七）年に、二七〇〇石の旗本大岡忠高《ただたか》の四男に生まれた。一〇歳のときに同族の一九二〇石の旗本大岡忠眞《ただざね》の養子になり、のちに忠眞の娘を妻にした。

元禄十三（一七〇〇）年には書院番に就《つ》き、翌年に元禄の大地震で江戸は壊滅状態になり、勘定奉行荻原重秀《おぎわらしげひで》は御城廻修復手伝の役職を設け、大岡も選ばれている、ここで大岡は能力を発揮して、幕閣から注目されるようになった。

享保元（一七一六）年に、紀州家から吉宗が入って八代将軍になり、幕政の一新を目指して「享保の改革」を進めた。吉宗は山田奉行時代に公正な裁きをした大岡の手腕を認めており、大岡が前政権の間部詮房《まなべあきふさ》や新井白石《あらいはくせき》らと関わりが薄いこともあり、町奉行に抜擢して司法改革の中心に据え「江戸の治安」を託したのだ。

◆大岡忠相の芝居絵

享保二（一七一七）年に大岡は北町奉行に就任したが、これは数寄屋橋《すきやばし》門内にあって位置的には南町奉行所の南にあった。そこで享保四（一七一九）年に南北町奉行所の名称を入れ替えたため、大岡は南町奉行になった。南町奉行所の設計は大岡によるものとされる。
大岡が町奉行になった頃は、まだ中町奉行所が残っていたが、奉行所に持ち込まれる訴訟は金公事が多く、重要犯罪の取調べや刑事裁判などに支障をきたしていた。

幕府は示談促進の「相対済《あいたいす》まし令」を、これまでも出していたが、徹底されなかったため大岡が再度提案し、町奉行所は金公事を受け付けず、当事者間で解決するように命じた。

吉宗と大岡は、諸奉行が裁判で拠《よ》り所にする基本法典である『御定書百箇条』を練り上げた。そこでは儒学を基本とする主従関係を重要視しており、従来より処刑を軽減していた。

裁判のやり直しは、お上の威光を低下させるので、あり得ないとされていたが、大岡は再審を認めている。

数珠《じゅず》屋六左衛門の弟子伝兵衛は、放火の罪で火罪にされる前日に晒《さら》されたが、見物の者が「放火は伝兵衛がしたもんじゃねぇ」というのを町奉行所同心が聞き、大岡に報告した。

大岡が調べると伝兵衛にはアリバイがあり、大岡は老中に刑の執行延期と再吟味を申請して調査すると、伝兵衛を捕縛した火付盗賊改方の岡っ引きが、威《おど》して認めさせたことがわかり、大岡は岡っ引きを死罪とした。

また、伝兵衛の親方六左衛門は、奉行所を恐れて沈黙していたと知り「罪を犯していない者が処罰されるのを、見たり聞いたりしたら、処罰をされる前に遠慮なく吟味を願い出よ」とする触れを出したのである。

大岡の市政の功績では、享保五（一七二〇）年に町火消組織「いろは四七組」を編成して、木造家屋が過密する町人居住地域の防火体制を再編し、瓦葺《かわらぶき》屋根や土蔵など防火建築の奨励や火除《ひよけ》地を設定した。また、町医師が貧病人の養生院設置の要望を目安箱に投書したことから、小石川《こいしかわ》薬園内に小石川養生所を設置した。さらに、青木昆陽《あおきこんよう》を書物奉行に任命し、飢饉対策にサツマイモの栽培を助成している。

寺社奉行に就任し大名格になる

こうした功績から、享保十（一七二五）年には二〇〇〇石を加増され、元文元（一七三六）年には、譜代大名が就く寺社奉行に栄進した。そのため大岡は二〇〇〇石の加増を受け、四〇八〇石を足高され、一万石の「大名格」とされた。寛延元（一七四八）年には奏者番兼任となり、加増を受けて正式に一万石の大名となった。町奉行から大名となったのは、江戸時代を通じて大岡のみである。

寺社奉行が庶民と関わるものは、相撲《すもう》興行と富籤《とみくじ》くらいのものだ。元文三（一七三八）年に、曹洞宗末寺の浅草万隆寺《まんりゅうじ》の住職光円《こうえん》が、女犯《にょぼん》で寺社奉行に訴えられた。

光円は十年以上も前から医師に変装して新吉原の遊廓に通い、寺の建物は壊れ、荒れ放題になったため、宗派内で光円を詰問し退任を求めたが、光円がしたがわないために訴え出たのである。

女犯した破戒僧《はかいそう》は江戸市中引き回しの上に磔《はりつけ》という厳しいものであった。だが、僧侶が隠し妻や妾《めかけ》を持ったり、遊所に出入りしているのは公然の事実でもあった。

大岡は光円が遊所に通った証拠を握り、宗派の掟に背《そむ》いたが公儀に反抗するものではないとし、裸にして追放にするか、遠島にするのが妥当と評定所に提案した。

これを評定所で論議し、光円は遠島に処された。これによって寺持ちの僧の女犯は遠島刑と『御定書百箇条』に加えられることになった。

宝暦元（一七五一）年六月に、三五年も仕えて大恩のある将軍吉宗が病死した。葬儀は老中が惣《そう》奉行になるが、病身の大岡が実務を受けている。この年の十二月には大岡も七五年の生涯を閉じた。大岡が整えた町政の基礎は、幕末まで江戸の町の治安を平安に保った。

根岸鎮衛《ねぎしやすもり》　御家人から町奉行になった逸材

田沼意次《たぬまおきつぐ》に会えるまでの苦心

寛政十（一七九八）年に南町奉行になった根岸鎮衛の出自は、絹商人や百姓であったということが幕臣や庶民の間で噂されている。

江戸に出て腕に彫り物（刺青）を入れて大八車を押していたとか、根岸の彫り物の話を遠山景元に当てはめたものとする説もある。だが根岸が異例の出世をしたことは確かである。

根岸の父は、相模国津久井《つくい》郡若柳《わかやなぎ》村の山持ちの豪農で、杉や檜《ひのき》を切り出して筏《いかだ》に組み、江戸に運んだので裕福だった。この百姓身分の父が御家人安生《あんじょう》家の株を買い（多額の持参金を持って養子に入ること）、安生定洪《さだひろ》と名乗って一五〇俵を給されていた。

鎮衛は定洪の三男として元文二（一七三七）年に生まれ、宝暦八（一七五八）年に御家人根岸衛規《もりのり》の株を買ってもらい、臨終養子になっている。根岸の実父には相当の蓄財があり、根岸家を嗣《つ》いだ息子の上役や同僚に金を配ったと思われ、たちまち勘定役に就いている。

当時の幕臣たちは役に就くために、幕府高官の屋敷を早朝から訪ねて顔を見知ってもらおうと「対客登城前《たいきゃくとじょうまえ》」をし、思いを叶えるために熱い意志を述べていた。だが多くの者が詰めかけるため屋敷の主人に会えることもままならなかった。

そこで根岸は一考し、飲めない酒を飲んで田沼屋敷の外の溝に落ち込んだ。これを門番に引き上げられて介抱されたことで、門番と顔見知りになった。根岸は門番所を三年間も訪れ、これを門番が留守居役に話した。そうなると根岸は留守居役を訪れるようになり、ついに田沼に面会でき、根岸は才能を発揮することができたのである。

根岸は勘定吟味役当時に賜った黄金は二六〇枚にもなったという能吏であった。佐渡奉行になって五〇俵が加増され、松平定信《まつだいらさだのぶ》が寛政の改革を断行するため、根岸を勘定奉行に抜擢して三〇〇石が加増されると、上野《こうずけ》と安房《あわ》に五〇〇石の知行地を持つ旗本になった。この時に長谷川平蔵《はせがわへいぞう》も火付盗賊改役に就いている。

根岸は町奉行を一七年間も務め、「め組の喧嘩」(143ページ参照)など多くの訴訟や事件を裁き、下情《かじょう》に通じた奉行とされており、今日では、彼が書き残した『耳嚢《みみぶくろ》』という随筆集で注目されている。

『耳嚢』は一巻一〇〇話からなり、武家や出入りの商人、職人、農夫らから聞いた歴史、医術、動物などの奇談や怪談、市井《しせい》の珍事や雑話などが記され、死の直前に十巻を完成させている。

榊原忠之《さかきばらただゆき》　老中にも反発する硬骨漢の町奉行

裁判を短期解決し、幕閣や庶民から支持される

榊原忠之が北町奉行に就任したのは、文政二（一八一九）年閏《うるう》四月である。この時、江戸の問屋組織を牛耳《ぎゅうじ》る杉本茂十郎《すぎもともじゅうろう》から一〇〇〇両が届けられた。

杉本は幕府が米価調整で米を買うような時に、幕閣や役人と結託して巨利を得ていることで知られていた。就任祝いに金が贈られるのは、交際の一部の付け届けとされれば賄賂《わいろ》とはならないが、見返りを求めるものであれば賄賂となり、役人の汚職である。

榊原は「祝儀として贈られたには多すぎる。何か事情があれば本格的に取調べる」として、杉本を北町奉行所に呼び出し、厳しく取調べた。

杉本は前奉行の永田正道《ながたまさみち》同様に、榊原を取り込もうとしたが思惑がはずれ、翌年には死亡している。

その後、水野忠邦《みずのただくに》が老中首座になり、庶民には息の詰まる「天保の改革」を断行した。ある時、榊原は水野に呼ばれ、「近頃、市中で台付《だいづけ》が流行っていると聞くが、取締まるよう」と命じられた。榊原は「畏《かしこ》まりました」と言って引き下がり、隣の部屋から「銀一分《いちぶ》もする

富籤を許しておきながら、富籤の一番富の百桁《けた》台を当てる一口一文、当たれば八文という零細な台付博奕を取締まる御触など出せるものか」と怒鳴ったという硬骨漢であった。

榊原の町奉行在任が一七年五カ月におよんだのは、前奉行たちが長年放置していた事件を手際よく解決し、裁判の短期解決を図ったことで幕閣の支持があったからだ。庶民が奉行所に出頭するには、町名主や大家、五人組に同行してもらわねばならない。裁判が長引けば仕事ができない上に、日当や弁当代に金がかかるため、榊原の短期の裁判は庶民からも喜ばれた。

文政四（一八二一）年に、南部藩浪人相馬大作《そうまだいさく》が津軽《つがる》藩主津軽寧親《やすちか》の参勤交代の帰路を待ち伏せて暗殺を企てた。戦国期には津軽家は南部家の臣であったが、小田原攻めをする豊臣秀吉にいち早く謁見《えっけん》し、南部家から独立した大名として認められたことで、南部家は津軽家に根の深い怨念を持っていたのである。この事件は津軽寧親が幕府に訴えたため、榊原は江戸で武芸十八般を教授する道場を開く相馬大作を捕縛し斬首した。

さらに榊原は、天保三（一八三二）年に鼠小僧次郎吉（149ページ参照）を捕らえ、スピード裁判で獄門にしている。天保五年（一八三四）に逮捕した、播州無宿木鼠吉五郎《きねずみきちごろう》（125ページ参照）の事件は、一両程度の罪を自白しないため、江戸時代を通じてもっとも過酷な拷問にかけたことで知られる。

遠山景元《とおやまかげもと》　時代劇ドラマでは彫り物を見せて事件解決

やっぱり金さんは庶民の味方だった

遠山金四郎《きんしろう》景元は、時代劇ドラマなどでは、「金さん」と呼ばれる遊び人である。だが実は町奉行で、悪人たちに右腕の桜吹雪《ふぶき》の彫物《ほりもの》を見せておき、お白洲で裃《かみしも》を跳ね上げて片肌を脱いで桜吹雪を見せ、奉行自身が犯行を知っていると啖呵《たんか》を切り、事件を解決するのである。

この金さんの「一発逆転」の痛快さは、越後の縮緬《ちりめん》問屋の隠居と思われた老人が、実は御三家の水戸《みと》光圀《みつくに》だったという「水戸黄門」にもあり、毎回同じパターンの結末でも人気が高いものだ。

名奉行と呼ばれる者は、庶民の生活感情に通じているのが、一番の条件であったとされる。遠山景元は若い頃に不遇をかこっており、その時期に庶民の中で生活したことが、町奉行になってから生かされたとされている。

景元の父景晋《かげみち》は旗本永井《ながい》家の四男で、一五歳の時に実子のない知行五〇〇石の旗本遠山景《かげ》好《よし》の養子に入った。景晋が三五歳で遠山家の家督を継ぎ、小姓組番士に就任したが、その後に養父景好に男子（景善《かげよし》）が生まれたのである。

寛政五（一七九三）年に、景晋に景元が生まれたが、養家に対して遠慮したようで、幕府に出生を届け出なかった。翌年に景晋は、義弟の景善を養子として届け、その後に景元の出生を届け出ている。

景晋は景元が生まれた翌年に、幕臣の人材発掘の「学問吟味」を受け、旗本の中で首席の成績をおさめた秀才で、この時の御家人首席が大田南畝《おおたなんぽ》（蜀山人《しょくさんじん》）であった。

景晋は目付、小普請奉行、作事奉行、長崎奉行、勘定奉行を歴任していくが、蝦夷《えぞ》地や対馬《つしま》にも出張しており、ロシア船の来航ではレザノフと会談した逸材で、一四冊も著書がある。

景善は家督を継いでいないが、享和三（一八〇三）年に義弟の景元を養子とした。だが、その後に実子の景寿《かげひさ》が生まれた。遠山家はボタンの掛け違いが続く家である。

金さんは彫物を入れていたのか？

景元は、こうした遠山家の、遠慮と苦慮の複雑な環境の中で成長したためか、若い頃に悪所に出入りし、新吉原では廓《くるわ》の下働きも経験したとされ「遠山の金ちゃんと言えば、廓中にも轟《とどろ》きたるものなれば」とされている。

一時は芝居小屋の森田座で芳村金四郎《よしむらきんしろう》の名で囃子方《はやしかた》で笛を吹いていたようで、この時に、歌舞伎の脚本家二代並木五瓶《なみきごへい》と喧嘩になり、腕をまくり上げた時に、手紙を咥《くわ》え髪を振り乱した女の生首の図柄の彫物があったという。

彫り物の図柄は、旧幕臣の中根香亭《なかねきょうてい》が明治になって著《あらわ》した『大日本人名辞書』では「桜花の図柄」とし、これを漢文にした『帰雲子伝《きうんしでん》』には「女の生首」としており、彫り物があったかどうかも含めて不明である。

やがて景元は家に帰ったようで、二二歳で結婚しているから、放蕩生活があったとしても長いものではなかったのだろう。文政八（一八二五）年に西丸小納戸《こなんど》役に出仕し、十一代将軍家斉《いえなり》の世子家慶《いえよし》の世話をし、役料三〇〇俵を給された。

文政十二（一八二九）年に、家督を相続すると同時に金四郎の名を継ぐと、以後は西の丸小納戸頭、小普請奉行、作事《さくじ》奉行、勘定奉行（公事方）となり、天保十一（一八四〇）年に北町奉行に就き、実父が勤めた役職を超えている。

町奉行になった景元が、遊廓の者を取調べようとしたとき「おや、金さんじゃないか」と声を掛けられた。景元は「お前たちは、まだ元のままでいるのか」とたしなめ、臆《おく》せずに取調べをしたという話があるが、はたして、町奉行が遊廓の者を直接に取調べたかは疑問である。

景元は将軍上覧のお能拝見で、町人が「ヤア親玉」と声を掛けて喧噪に包まれると、しばらく口を閉ざして騒ぎが収まるのを待ってから、続きを述べている。こうした間の取り方で訴訟も裁いたのだろう。

能吏だった遠山の金さん

景元が町奉行になった翌年から、水野忠邦による天保の改革が始まったが、景元は南町奉行矢部定謙《やべさだのり》とともに、庶民の生活と利益を脅《おびや》かす極端な政策に反対し、水野や目付の鳥居耀蔵《とりいようぞう》と対立した。

鳥居は矢部を失脚させて南町奉行に就任すると、景元は一人で水野の改革に抵抗し、芝居小屋の廃止を移転に留《とど》めたりしたが、天保十四(一八四三)年には大目付に追いやられている。景元が矢部のように罷免されなかったのは、公事上聴《くじじょうちょう》での景元の裁判ぶりを将軍家慶《いえよし》が激賞したため、いかに水野でも将軍が名奉行とした景元を辞めさせることはできなかったのだろう。

天保十五(一八四四)年五月に、江戸城大奥の長局《ながつぼね》から出火した。雨の中でも火勢が強く、老中が町火消しを動員して富士見櫓《やぐら》の消火に当たらせたが、血気盛んな火消し人足も、櫓の銅瓦が雨に濡れて滑《すべ》るためためらっていた。

い組の伊兵衛《いへえ》という老頭領が登り始めると、若者たちもそれに続いた。大目付の景元は、火消したちが櫓に登り切ると、梯子《はしご》を外《はず》して降りられなくしたため、火消したちは必死に働き、富士見櫓は焼失を免れた。景元は咄嗟《とっさ》の判断で、火消したちに背水の陣を採らせたと称賛されている。

その後、水野は失脚し、弘化二（一八四五）年に景元は南町奉行として返り咲いた。水野の改革での施策で、暗い市中の空気の改正に努力し、嘉永五（一八五二）年に南町奉行を辞し、隠居となった。

嘉永三（一八五〇）年に、与力見習いとして南町奉行所に勤めた佐久間長敬《さくまおさひろ》は、景元を実際に見た感想を「毛太く、丸顔の老人にて、音声《おんじょう》高く、威儀整い、老練の役人と見受けたり」とし「当時の評判には、大岡越前守以来の裁判上手の御役人と唱えたり」としている。

また、幕臣の大谷木醇堂《おおやぎじゅんどう》は『醇堂草叢稿』で「大岡忠相、根岸鎮衛、石河政武《いしこまさたけ》、池田長恵《いけだながしげ》、曲淵景漸《まがぶちかげつぐ》に続く奉行と称された。市民は服従し、そのころの芙蓉《ふよう》の間のお役人の一枚看板と賞された。また、遠山の金さんと尊んだ」と書いている。遠山景元は能吏中の能吏だった。そして「金さん」と呼ばれて、親しまれていたのである。

矢部定謙《やべさだのり》　善悪取り混ぜた出世欲の強い町奉行

老中の内意で悪党の三之助《さんのすけ》を捕縛

矢部定謙は、三〇〇俵を給された旗本で、若い頃に小姓組に番入りした。番方では先輩による新人イジメの悪風があり、古参の者は新入りを「小僧」と呼び、まるで家来のようにあつかっていた。

矢部が不寝番で宿直になった時、古参の者から夜食の粥《かゆ》を作るように命じられたが、鍋を火にかけたままにしていた。すると古参の者は「小僧、飯が焦げ付かぬよう、鍋の中をかき回せ」と言ったので、矢部は「俺は小身だが飯炊きの経験がなく、火加減などわからない」と大声で言い、そこにあった大蝋燭《ろうそく》で鍋をかき回したのである。蝋が溶けて粥に混じったのを見て、古参の者たちは仰天し、矢部を咎めることもできなかったという。

その後矢部は、文政十一（一八二八）年十一月に、小十人頭から先手鉄砲頭に昇進し、加役で火付盗賊改方を命じられた。この時、老中大久保忠真《おおくぼただざね》から、三之助という者を捕縛するように内意を受けた。

鼠小僧次郎吉を裁いた北町奉行榊原忠之の手付同心に、神田造酒右衛門《かんだみきえもん》がいた。その手先の三之助は武家屋敷へ中間や小者の口入れする人宿を営んでいるが、自身も火盗改の屋敷で中間頭になっていた。

三之助は南北奉行所の内与力や定町廻り同心、火付盗賊改方の屋敷の者に賄賂を配って中間頭になり、火付盗賊改方が代わると、新任の火付盗賊改方に取り入って中間頭になって、火付盗賊改方屋敷で賭場を開くことを繰り返していた。これほど安全な賭場はなかった。

矢部は老中からの内意を受けて勇躍したが、誰が三之助の賄賂に染まっているかも分からず、うかつに手を出せないでいた。だが先役の松浦忠右衛門《まつうらちゅうえもん》が三之助を庇護し、その屋敷にいることを摑んだ。

矢部は病気を装って寝込み、三之助に籠絡《ろうらく》されている組下与力の二人を呼び「禄の少ない自分が御役を務めているので、あちらこちらと金を借り尽くし、残念だがお役御免を願うよりない。しかし、松浦殿の中間頭をする三之助という者は、金策が上手だと聞き、お前たちに三之助に相談することを頼みたい。そうなればこの病気はただちに全快する」と言った。

この与力らも三之助を矢部屋敷に引き込みたいとしていたので、渡りに船と三之助に話を持っていった。三之助も二つ返事で了解し、直接矢部に会って取り込んでしまおうと企んだ。

三之助が下谷の矢部の屋敷に行くと、矢部はたちまちに三之助を取り押さえて縛り上げてしまったのである。三之助は天保二（一八三一）年五月に遠島になり、これによって多くの与力や同心は三之助からの借金から解放されると同時に、御先手同心や町方同心二八人が処分を受けた。

暗い運動で出世した矢部

矢部は三之助事件の功で堺《さかい》奉行になり、天保四（一八三三）年に大坂西町奉行になった。この時、天保の大飢饉があり、米を買い占めて蔵に隠し、炭だと言い張った商人から、蔵ごと炭を買い付けた。案の定、蔵の奥には大量の米が積まれており、矢部はこの米を炭の代金で庶民に売って喜ばれている。

また、大塩平八郎《おおしおへいはちろう》と面談し、彼の考えを聞いている。しかし、天保七（一八三六）年に勘定奉行になって江戸に帰ると、間もなく大塩が反乱騒ぎを起こした。大塩が幕府に出した建議書には、矢部がさまざまな不正をした奸佞《かんねい》であるとしている。

天保九（一八三八）年に、大御所家斉の住む江戸城西の丸が焼けた。家斉としっくりしない老中の水野忠邦は、御機嫌取りに大急ぎで西の丸を造営しようとした。ところが勘定奉行の矢部は、天保の大飢饉により幕府財政が逼迫しているために大反対した。そのため水野から西の丸留守居の閑職に追いやられ、二年後には小普請組支配へと移された。

水戸藩の藤田東湖《ふじたとうこ》が著《あらわ》した『見聞偶筆』に、矢部との会話がある。矢部は「私は小身から身を起こした者で、自分の才力だけで出世したのではない。賄賂でやってきたので、世間では悪く言う者もいるだろう」と話している。それに対して東湖は「暗い運動をしても、明るい政治家が世に出ればいい」としているが、どちらも自慢できる話ではない。

矢部は賄賂だけでなく、人を蹴落とす策略まで用いて復活する。

天保の大飢饉での御救い米のために、幕府は南町奉行筒井政憲《つついまさのり》に各地から米を買い上げさせた。当時、勘定奉行の矢部は、こういう時には必ず汚職があると睨《にら》んで調査したが、なんら出てこなかった。矢部が西の丸留守居役に移ると、買い米で働いた南町奉行所定町廻り同心の堀口六左衛門《ほりぐちろくざえもん》の娘を、金にあかして妾とし、堀口から情報を得たのである。

米買い付けで筒井は、年番方与力の仁杉五郎左衛門《ひとすぎごろうざえもん》に指揮を執《と》らせていた。仁杉は資金を御用商の仙波太郎兵衛《せんばたろべえ》に出させ、深川の米問屋又兵衛《またべえ》に越後の米を買わせたが、その廻船が遅れて江戸に入ると、同時に大坂や仙台の買い付け米が江戸に入る手違いがあった。江戸に米が溢れたため米相場が下がり、仙波太郎兵衛や米問屋の又兵衛に損を出させてしまった。

これを仁杉は帳簿上で処理して、商人たちの損を埋め合わせていたのである。上司を欺《あざむ》いた報告になったが、内容を知る奉行の筒井もそれを了解しており、事件とするほどのものではなかった。

だが矢部は、この情報を堀口から得ると、筒井の責任として水野に告げた。水野は筒井を南町奉行から西の丸留守居に移し、仁杉は牢に送られたのである。そして矢部は小普請組支配から南町奉行に抜擢された。

矢部には名奉行とされる裁きもある

矢部が南町奉行になると、紺屋《こうや》の瓶五郎《へいごろう》が同じ町内の医師春庵《しゅんあん》を訴え出た。瓶五郎は春庵が女房と密通しているのを知り、「女房と離縁するから、遠くへ引っ越せ」と約束させて許した。夫が密通した二人を斬り殺しても無罪であったが、春庵は瓶五郎を見くびって引っ越さず、酒宴を開いて瓶五郎を笑いものにしたというものであった。

矢部は春庵に「なぜ約束通りに遠くへ引っ越さぬのか」と聞くと、引っ越す金がないという。そこで「家財を売れば作れるだろう」と言えば、「鍋釜以外に何もない」と人を食ったような返事をした。矢部は「お上が引っ越し代を貸し与えよう」とし、春庵を夕方まで待たせて数貫文の銭を与えた。

春庵は喜んで家に帰ったが、家はすでに町役人が封印して中に入れない。そして「鍋釜以外は持ち物がないなら、これを持って立ち去れ」と鍋と釜を持たされ、家財を没収したのだ。

また、水飲み百姓の娘が、身売りをされて新吉原で女郎になっていたが、母親から父が患《わずら》ったので五両を送ってくれと言ってきた。親思いの娘は楼主に頼んだが断わられ、妓楼を燃やして廓から出て親に会いたいと考えて放火した。

幸いに火事にならなかったが、娘は捕らえられて、矢部が詮議《せんぎ》した。娘は心得違いで火を付けたことを悔い、火刑を覚悟していた。

矢部は「お定め通りに刑を行なわねばならぬが、病の親に五両を送りたい気持ちは殊勝である。お上から五両を貸すので、これを親元に送るよう。そしてその方の処刑は、貸し金を皆済《かいさい》するまではできぬ。年に一朱（一両の一六分の一）ずつ返せ」という温情で裁定していた。

妖怪鳥居忠耀《とりいただてる》に貶められた矢部

こうした時に、南町奉行所同心の佐久間伝蔵《さくまでんぞう》は、矢部の妾の父堀口が利欲で情報を漏らしたことを許せないと、奉行所で待ち伏せた。そこへ堀口の倅《せがれ》の貞五郎《さだごろう》が出てきたので一刀のもとに首を打ち落とし、続いて矢部に渡す資料を収集した高木平太郎《たかぎへいたろう》も斬った。騒ぎを聞いた佐久間の弟が、駆け付けてきて取り押さえようとしたが、佐久間は喉を突いて自害したのである。事件は佐久間の発狂として片付けられたが、目付の鳥居忠耀は、矢部の取り扱いに疑いを持ったのである。

天保十（一八三九）年に老中首座になった水野忠邦は、十二代将軍家慶の下で念願の幕政改革に取り組んでいた。

川越藩主松平斉典《なりつね》は、大御所家斉の二五男斉省《なりさだ》を養子にし、実高が多く裕福な出羽《でわ》国庄内への移封を幕閣に働きかけていた。水野は天保十一（一八四〇）年に、庄内藩主酒井忠器《ただかた》を越後国長岡へ、長岡藩主牧野忠雅《ただまさ》を川越へ転封する「三方領地替え」を命じた。

だが庄内藩は、水野忠邦と太田資始《おおたすけもと》に各三〇〇〇両を贈って領地替え回避の工作をし、農民たちも猛烈な抵抗を示していた。翌年に家斉が没すると諸大名の間でもこの問題の不満が高まったが、将軍家慶の判断によって沙汰止《さたや》みになった。

水野忠邦は幕政に参画したいために、表高は六万石だが実高は二〇万石以上はある九州の唐津《からつ》から浜松への転地を願い出て許され、当時の将軍家斉のお気に入りであった老中の水野忠成《ただあきら》に大金を遣って取り入っていた。老中になった忠邦は、それまで投資していたものを回収することを考えたのだろう。

矢部は庄内藩からの水野らへの贈賄を嗅《か》ぎつけ、水野に「こういう風聞がござる」と告げた。水野は金座の後藤三右衛門《ごとうさんえもん》に三〇〇〇両を調達させて庄内藩に返し、「家来の中に心得違いをした者がいたので、ただちに処分した」とした。

矢部はこれまでも、水野から検討するようにと命じられて書面を渡されたが、矢部はその場で書面を開き「この儀は、相成りません」と突き返しており、水野は矢部に〝油断のならぬ奴〟という感情を持っていた。

そこへ鳥居が、南町奉行所内での刃傷事件などで、矢部の工作を水野に告げ、狂気とされた佐久間の妻に、登城する水野に駕籠訴《かごそ》させてダメを押したのである。

天保十二（一八四一）年十二月に、矢部は筋違いの取り計らいをしたとして南町奉行を八カ月で罷免され、お家断絶の上、桑名藩に永預けとされた。

矢部は桑名城中で幽閉された。水野や鳥居への怨みは強く、裃《かみしも》を着たまま絶食し、昼は両手を膝に突き、夜は床の柱にもたれて身動きもせず、二カ月後に断食による壮絶な死を遂げたとされる。だが桑名藩は奥医師に診察させており、下腹が腫れて引きつり、激しく痛んで横臥できないと診断している。胃がんであった可能性が高かったようだ。

鳥居忠耀《とりいただてる》　蘭学を憎み陰湿な企みをした町奉行

「でっちあげ」で人を貶める妖怪

町奉行は人格者で、臨機の融通性や頓智《とんち》を駆使し、名奉行とされた者は数多くいる。しかし、才気に恵まれながら、庶民に苦痛を与え、信頼されることもなく、人を貶《おとし》める性質の者もいた。

悪奉行で真っ先に名が上がるのが鳥居忠耀である。鳥居は通称を燿蔵《ようぞう》と言い、南町奉行になると甲斐《かい》守に任官したことで、燿蔵と甲斐守を合わせて「妖怪」と呼ばれ、火のないところを燃え上がらせる〝でっちあげ〟で暗躍した。

鳥居の父は美濃《みの》岩村藩主松平乗薀《のりもり》の子で、当時の老中松平定信の命によって、幕府学問所の林《はやし》家に入った大学頭《だいがくのかみ》林述斎《じゅっさい》で、代表的な儒学者である。忠耀は述斎の四男として寛政八（一七九六）年に生まれ、文政三（一八二〇）年に旗本鳥居成純《なりずみ》の婿養子になった。

翌年に二五〇〇石の家督を継ぎ、文政六（一八二三）年には、将軍家斉の執務室と居住を兼ねた中奥番士となって十二年間勤めた。天保五（一八三四）年に水野忠邦が老中になると、御徒頭《おかちがしら》に抜擢され、西の丸目付へと進み前途が開けた。

天保八（一八三七）年に、水野は乱を起こした大塩平八郎の罪状を、早急に高札場に掲げねばならないが、文章の書き手が容易に見つからなかった。

水野は述斎の子という理由で、鳥居に白羽の矢を立て、大塩の断罪書を書かせた。鳥居はその文中に「(大塩は)養子格之助へ嫁合《めあ》わすべく約束にて、養い置き候般若寺《はんにゃでら》村忠兵衛の娘みねと奸通におよび……」と、庶民が注目するスキャンダル仕立てにして〝でっちあげ〟の才能を開花させたのである。

老中の水野は、江戸湾の防備強化に鳥居と江川太郎左衛門《えがわたろうざえもん》を選んだ、はからずも官学派と蘭学派のコンペの形になったが、二人が提出した地図はまったく比較にならなかった。林家の儒学を信奉する鳥居が敗れ、蘭学への怨みを強くした。鳥居は目付になると、蘭学者の渡辺崋山《わたなべかざん》や高野長英《たかのちょうえい》などの「尚歯会《しょうしかい》」メンバーの行状を調査させた。

鳥居は彼らが無人島への渡航を計画したり、大塩の乱にも関係あるとでっちあげ、尚歯《しょうし》会《かい》にも顔を出していた小納戸方の小役人花井虎一《はないとらいち》を取り込んで訴えさせた。これは「蛮社《ばんしゃ》の獄《ごく》」となって、蘭学者二八人が捕らえられる疑獄事件になった。

鳥居が矢部定謙を追い落として南町奉行に就くと、「類は友を呼ぶ」の習わしのとおり、悪巧みに長けた本庄茂平次《ほんじょうもへいじ》が接近してきた。本庄は長崎で小役人をしていたが、不正が発覚して追われた者で、鳥居は彼を使って、幕府に西洋砲術の採用を建議した高島秋帆《たかしましゅうはん》を罠《わな》に嵌《は》めることに成功する。

また、鳥居と本庄の剣の師匠である井上伝三郎《いのうえでんざぶろう》を、何かの企てに参加させようとするが断られ、伝三郎を口封じするため、本庄に殺害させてもいた。

これまでの幕政改革も水野の天保の改革も、武士の生活を成り立たせるためのものである。水野は庶民の生活を取り締まるため、鳥居のような妖怪を世に送り出した。時代遅れの水野の改革が失敗したのは、陰湿さしか残らない鳥居を起用したことにもあるのだろう。

鳥居は幕閣の勢力関係にも機敏に対応し、水野が上地令《あげち》などの失敗で政権が危ういと判断すると、反水野派に与《くみ》して罷免《ひめん》を逃れている。

しかし弘化元（一八四四）年に、外交問題で水野が復活すると、鳥居は水野の報復を受け、数々の旧悪が暴かれて職を追われた。

翌年には家禄を没収の上、讃岐《さぬき》国丸亀《まるがめ》藩に永預けとされたが、明治の新政府になって釈放されている。ちなみに本庄は江戸城北の護持院ヶ原《ごじいんがはら》で井上の仇を討たれた。

矢部は冤罪が晴らされて、養子の鶴松が納戸役に召し出され、高島秋帆も一〇年一〇カ月ぶりに牢から出され、幕府の大砲鋳造、お台場築造御用に登用されたことが、せめてもの救いになった。

遠国《おんごく》奉行の実態

江戸町奉行より忙しい大坂町奉行

幕府は重要な直轄地に「遠国奉行」を配置していた。京都と大坂や駿府《すんぷ》にも町奉行はあるが、単に町奉行と言えば江戸町奉行を指した。これ以外にも、経済的、軍事的拠点に伏見奉行、長崎奉行、佐渡奉行、浦賀奉行、箱館奉行、神奈川奉行、堺奉行、兵庫奉行などを置き、古寺社の多い奈良に奈良奉行、伊勢神宮警護の山田奉行、日光東照宮を守衛する日光奉行などがあった。

これらのすべてを老中に直属させ、担当地域の警察業務と裁判業務を行なわせていた。伏見奉行だけは大名が就いたが、それ以外は旗本の役職であった。

遠国奉行の中でも京都と大坂の町奉行は別格である。

大坂町奉行所は老中の支配だが、大坂城代の監督を受けた。大坂町奉行所も東西の二カ所があり、東西ともに奉行が二名の体制で一人は江戸にいて老中との連絡にあたっていた。東西の奉行が月番交代で執務したのは江戸と同じで、東西町奉行所には与力三〇騎と同心五〇人が所属した。寺社奉行も火付盗賊改方もないので、その職分は町奉行所が担当した。

所管の地域は摂津《せっつ》、和泉《いずみ》、河内《かわち》、播磨《はりま》と広いため、与力や同心は一人で二役を兼務する者が多かった。また大坂は商人の町で金銭関係の事件も多く、御定書の規定外として大坂町奉行が職権を与えられていた。しかし前記四ヵ国に加えて四国、中国、九州の二八カ国の裁判権を持たされたため、江戸町奉行以上の忙しさであった。

遠国奉行の最重要職京都町奉行

大坂町奉行所と組織は同じだが、京都は禁裏《きんり》の所在地のため、遠国奉行の中では最重要職である。京都町奉行所も東西の二カ所があり、月番交代で執務し、それぞれに与力二〇騎と同心五〇人が所属していた。

伏見奉行や奈良奉行とともに、禁裏《きんり》の守護と公卿の管理にあたる京都所司代の監督を受けた。京都の町方の民事と刑事の裁判権を持ち、大和《やまと》、山城《やましろ》、近江《おうみ》、丹波《たんば》の四カ国も管掌した。幕末には複雑な政治闘争の中で、反幕府勢力の取り締まりに活躍した。

破格に優遇された長崎奉行

長崎奉行は、唯一海外に開かれた町の統括をする重要ポストである。だが、長崎は貿易を生計の手段にした都市だったため、貿易の収益の一部が「竈銀《かまどがね》」として町民へ配分され、税を納める義務もない特殊な制度が行なわれていた。

長崎奉行は、外国貿易の管理運営での巨額の利益を、幕府や商人に配分するため大きな利権があった。この役目に就くには、旗本の間で〝長崎奉行三〇〇〇両〟とされるくらいの賄賂が必要とされ、役に就くと投資を回収するため、自らの懐《ふところ》を肥やしていったのである。

幕府自体も長崎奉行を破格に優遇した。在勤中に支給される役料は貞享三（一六八六）年に四〇〇〇俵とし、天保三（一八三二）年には金三〇〇〇両、弘化三（一八四六）年には勤務に就いた年は六〇〇〇両、以後は四五〇〇両としている。長崎奉行に次ぐ多い役料は佐渡奉行の一五〇〇俵、一〇〇人扶持だったので、長崎奉行の特殊さがわかる。

さらに長崎奉行には、長崎に入港するオランダや中国の商人から、原価で商品を買う権利があり、それを大坂で売り捌《さば》くことで巨利を得ていた。またオランダや中国の商人から、賄賂まがいの付け届けが多かった。多くのプレゼントをしても、莫大な利益が得られたからである。

長崎奉行は、裁判では遠島までは手限《てぎり》仕置ができたが、死罪は老中に伺わねばならず、これを「御仕置伺《おしおきうかがい》」と言った。長崎奉行から御仕置伺が提出されると、老中は吟味方奥祐筆に意見を聞いた上で判決を下し、長崎奉行に指示を与えた。中には長崎奉行が判断に苦しんで伺いを出したものもあり、その場合には奉行の手限仕置きに委ねて伺を却下した。

長崎では他の都市とは違う「密貿易」という犯罪も多かった。船で沖に出て外国船と出会い、物資を交換するものから、外国船員が個人で持ち込んだ商品を、伝手《つて》を頼って入手し売り払うこともあった。

延宝四（一六七六）年には、長崎代官末次平蔵《すえつぐへいぞう》の番頭陰山九太夫《かげやまきゅうだゆう》が、末次の金を流用して中国船を買い、中国人船頭を雇ってカンボジアとの密貿易を企てる事件が発生した。長崎奉行の牛込忠左衛門《うしごめちゅうざえもん》は江戸に急報すると同時に、配下の与力や同心、町年寄らを動員して全容解明に努めた。陰山は市中引き回しの上で磔《はりつけ》になり、末次は事件と直接的に関与はなかったが隠岐《おき》へ流罪とされている。

文化十二（一八一五）年十二月には、長崎の住民が船を唐船に横付けにして忍び込み、盗みを働くという事件や、元文元（一七三六）年二月には、桔梗《ききょう》の根で作った偽の朝鮮人参を売るという長崎ならではの事件もあった。

第二章

与力・同心・岡っ引き

町奉行所与力

与力がいるから新任の奉行も安心

幕府では、諸職の長官を補佐する下僚は、役によって呼び方が変わる。武官の番頭《ばんがしら》や物頭《ものがしら》の下役は、旗本の場合は某支配と言い、御家人の場合は某組と言う。代官の下役は手付や手代と言った。

与力は戦国時代に寄り集まった浮浪の武士を寄騎《よりき》と呼んでいたことが始まりとされ、与力を数えるのには何人とは言わず、何騎とするのが正しいとする。

与力や同心と呼ばれる者は、町奉行所に属する下役の者だけではなく、留守居年寄、納戸頭、大番組頭、書院番組頭、先手《さきて》弓頭、先手鉄砲頭にもあるが、町奉行所の与力と同心は他の与力や同心と異質で、区別された。

江戸の町奉行の与力と同心の発足は、天正十八（一五九〇）年に、板倉勝重《いたくらかつしげ》が三河《みかわ》から連れてきた与力一〇騎と同心五〇人に警察業務をさせたことに始まる。

元禄十五（一七〇二）年に中町奉行所が発足すると、南北中の三奉行所は与力二三騎と同心八〇人となり、享保四（一七一九）年に中町奉行所が廃止されると、中町奉行所の与力と同心が南北にそれぞれ振り分けられ、与力は二五騎、同心は一二〇名が配されるようになって、与力は吟味、同心は捕物と担当分野が定められた。

与力は徒《かち》と呼ばれてた足軽とは違い、何騎と数えるのだから騎乗の侍格である。士分と同様に裃《かみしも》と袴《はかま》の着用を許された知行《ちぎょう》取りだが、武士は戦場で闘う者とされ、百姓や町人、犯罪者などの卑しい者に手を出さないという誇りを持っていた。

町奉行所与力は罪人をあつかうために「不浄《ふじょう》役人」とされ、御目見得《めみえ》以下の身分である。幕臣は将軍に御目見得できるかどうかで線引きされるが、町奉行所では御目見得ができる武士は奉行だけだった。

町奉行所与力は、法規上は抱席《かかえせき》で一代限りの役職だが、職務上でのノウハウが多く、嗣子《しし》が十三、四歳になると与力見習となって実務を身に付けさせ、実質的な世襲になっていた。

子が見習の時は親子で勤め、無足（無給）の見習いもいるが、見習は年に銀一〇枚（銀一枚は銀四三匁相当で、銀六〇匁《もんめ》を一両とすれば約三分に相当し、銀一〇枚は七両二分に相当）の手当が出て、本勤並《ほんづとめなみ》になると年に二〇両が給された。

一つの奉行所に七名の見習がいて、子がない与力は必ず養子を取って見習いに出し、この嗣子が親の職を継いでも相続とされず、新規採用という体裁になった。

与力や同心は町奉行個人ではなく、町奉行所に附属した存在で転役がない。大坂町奉行所与力の大塩平八郎は、出世を望んで林大学頭《はたしだいがくのかみ》に金を融通するなどの運動をしたが、先例を破ることはできなかった。

不浄役人とされた町奉行所役人でなければ、幕臣として低い身分の御徒《おかち》でも出世の道は拓《ひら》かれていた。根岸鎮衛《ねぎしもりやす》は町奉行になり、幕末に外交政治で活躍した川路聖謨《かわじとしあきら》は勘定奉行にまで昇進している。海軍副総裁になり、箱館の五稜郭《ごりょうかく》に立て籠もった榎本武揚《えのもとたけあき》も御徒出身である。その上に彼らは、父親の代に武士身分になった者たちである。

町奉行与力には、金があっても町人や百姓からなることはできなかった。彼らは与力仲間で婚姻関係を結び、跡継ぎがなければ与力の家から婿《むこ》を取った。そのため、たいていの与力は縁戚関係になり、職務上の機密や利権も守られたのである。

町奉行は数年務めると異動していくが、与力は職場を移らないため、奉行所の職務に精通している専門職である。何も知らない者が町奉行に任じられても、与力がいることでまごつくことはなかった。

◆町奉行所与力の身なり

町奉行は訴状を読んで担当与力を決め、与力が作成した判決文を申し渡すだけである。そのため都市行政に練達している彼らを使いこなせないと、町奉行の職責を果たすことはできなかった。与力の側から見れば、名奉行と呼ばれるのも、自分たちが手柄を上げさせたものと思っていたに違いない。

与力が職務上のことで町奉行に呼ばれると、次の間で刀を外して敷居際で一礼する。奉行が「これへ」と言うと、与力は進み出て手を畳に突いたままで相談を受けるというように、上下身分の差は大きいが、奉行と与力の考えが違った場合でも、おおむね与力の方針が優先された。

だが町奉行のほうも、与力たちに気を遣って歓心を買おうとしていた。夏には年番方《ねんばんかた》与力や吟味方与力に越後縮緬《えちごちりめん》など反物《たんもの》を贈り、年番方与力筆頭には袴地《はかまじ》も添えた。冬には京織りなどを贈り、赦帳方《しゃちょうかた》、撰要方《せんようかた》、御仕置例繰方《おしおきれいくりかた》与力に袴地などを贈っている。

町奉行所与力の収入はどうだった

町奉行所与力は八丁堀《はっちょうぼり》にまとめて住まわされており、三〇〇坪（約九九〇平米）ほどの地所を賜って、屋敷には旗本風の冠木門《かぶきもん》が作られた。屋敷の普請は自前でし、屋敷内の空いた土地で家庭菜園もするが、医師や絵師などに貸し、生活の足しにしている。場所にもよるのだろうが、安政年間（一八五四〜六〇）の地代が、一三〇坪で年間に三両三分とされている。大岡忠相配下の与力加藤枝直《かとうえなお》から借地していたのが、儒学者の青木昆陽《あおきこんよう》で、この縁から青木は大岡に取り立てられ、サツマイモの栽培を関東に普及させたのである。

与力の知行は、初任は一六〇石で、だんだんと二〇〇石にまで進み、四公六民から八〇石が現米で支給された。与力には個人の知行地というものがなく、南北与力五〇人分の知行地として、大縄地《おおなわち》としてまとめて上総《さずさ》と下総《しもうさ》で一万石の地が宛てられていた。これは大御番《おおごばん》、御書院番《ごしょいんばん》、御先手などの与力も同じである。

南北町奉行所では、古参の与力各一名を給地世話番として、現米の収納と配分をしていた。

また、南北奉行所与力の領地から、各一名の名主を八丁堀に住まわせ、給地役として領地との間の世話をさせていた。

同じ二〇〇石でも旗本は貧しく、登城するにも鎗持ちと草履取《ぞうり》りは雇うが、若党《わかとう》や中間《ちゅうげん》は省略し、騎馬の格でも馬を飼うなどは難しかった。それから比べると「不浄役人」と言われても、町奉行所与力の羽振りはよかった。

御三家はじめ諸大名は、江戸屋敷に多くの家臣を常駐させているが、家臣が市中で問題を起こし、殿様の名に傷が付くことを危惧していた。そこで町奉行所を事実上動かしている与力へ、前もって付け届けをしておき、問題が起こった時には穏便に済なされるようにしていた。これは「御出入り」と言い、年番方与力や吟味方、市中取締諸色掛方《しょしきかかりかた》などの役得で、中には大名家から扶持《ふち》米を貰っている者もいた。

大名の格差はあるが三〇〇ほどもある大名家を五〇人の与力で受け持ち、ある南町奉行所与力の記録では、一〇〇家もの大名家に出入りしており、こうした収入が年に六三両になって、総収入の半額となっているが、蔵が建つというほどのものではない。

さらに、上野や芝にある宮門跡《みやもんぜき》の寺院では、祠堂《しどう》の修復にあてるという名目で、町人や武家に〝祠堂金〟を貸し付けて利殖することが許されていた。この返済が滞《とどこお》ると寺院は町奉行所に依頼し、与力がその督促《とくそく》に動いた。そして貸し金が回収されると、与力は貸し主から回収金の一割を受け取った。

一歩間違えば与力自身が処罰され、二〇〇石の知行を棒に振ることになりかねないため、賄賂を受けることは困難であったとされる。年番方や吟味方与力は他の者からの羨望もあるため、与力へ頼み事をする側も人目を憚《はばか》って、多くは料亭に席を設けるなどしたようだ。謝礼を渡すにも工夫され、時代劇ドラマなどでよくある菓子箱に潜ませるということも、現実にあったとされている。

細分化されていた町奉行所与力の職務

町奉行所の与力や同心は、毎朝自宅まで髪結《かみゆい》がきて、髪を整え髭《ひげ》を剃らせている。髪結床は庶民が集まるサロンでもあるため、仕事のついでにそこでの情報を与力たちに伝えた。そのため与力は髪結に免税の特権を与えていたとされる。

町奉行所の与力や同心の職務は細分化されており、与力の中で上位の五名が支配与力となり、一番組から五番組まで分けられた同心を一組ずつ預かっていた。支配与力の中から老練な者二名が選ばれ、一年交替で与力の頭になるため年番方という。町奉行所の人事などは町奉行の権限だが、実際には年番方与力が町奉行所の財政や人事など全般的な取り締まりをしていた。

罪人を取り調べるのは吟味方与力が担当し、判例を調べるのは例繰方《れいくりかた》である。火事場に規定数の町火消人足が出動しているか確認するのは町火消人足改方の役目で、強風の時に市中を巡回し放火を取り締まる風烈廻《ふうれつまわ》りは、享保年間（一七一六〜三六）に設けられた。小石川養生所を管轄する養生所見廻りや、江戸市中の物価調整にあたる市中取締諸色掛方という役目もあった。

また現代の法医学者のように、変死体の検視をする検使与力もいた。検使与力は重要人物の変死体の死因を突き止めるため、遠方まで出張することもあり、蛮社の獄で捕らえられ、後に自殺した渡辺《わたなべ》崋山《かざん》の検視に田原《たわら》（愛知県）まで出張している。能力が低いとされた者や新任の者は番方になり、事件を受け付けたり磔《はりつけ》や獄門の検視をし、奉行所の当直や臨時の役を務めた。

警察任務である定町廻《じょうまちまわ》り、臨時廻り、隠密廻りの三廻りには与力はなく、同心のみの役である。さらに町奉行の家臣から、奉行の私設秘書とする内与力が任命され、奉行と現場与力の連絡役となった。内与力は同心一五名を手附として使い、裁判関係の書類を纏《まと》めさせている。

町奉行は内与力を中継させることで自己の地位を高め、指示がスムーズに伝達されるようにしていたのである。内与力には公用方と目安方があり、奉行の大縄地一万石から八〇〇石を人数分で分け与えられた。内与力は奉行の家臣であるため、奉行か転任すると奉行とともに移っていった。

与力は月番と非番にかかわらず朝四つ（午前一〇時）に出仕し、七つ（午後四時）まで奉行所に勤めた。この往復での与力の服装は、当初は肩衣《かたぎぬ》が生地や模様が違った継裃《つぎ》に袴姿であったが、活動的な役目のため、文久年間（一八六一～六三）以降は羽織袴姿になった。

与力の出仕は槍一筋、挟箱《はさみばこ》、草履取《ぞうりとり》、若党《わかとう》を従えた旗本並である。この挟箱には、職務上でのあらゆることに対応できるよう、熨斗目《のしめ》（腰のあたりに筋や格子を織りだした着物）、麻裃、紋付、割羽織《わりはおり》、乗馬袴、袢纏《はんてん》と股引《ももひき》、帯、脚絆《きゃはん》、白足袋と裏が白い紺足袋などが入っている。

幕臣である与力や同心は、目付配下の徒目付から監視されており、非違があれば摘発された。

与力は犯罪者を逮捕しない

江戸市中に乱暴狼藉の者が出たり、犯罪者が家に立て籠もったという届出があれば、町奉行は当番与力一人と平同心三人を差し向け、犯人が多ければ与力も同心も増員した。

捕物出役に出張《でば》る当番与力は、帯の上に胴締めをし、野袴に割羽織を着し、頭には練革《ねりがわ》製の陣笠か白の鉢巻姿である。朱房《しゅぶさ》の十手《じって》を持ち、侍一人、槍持ちと草履取りを従える。奉行所内では白足袋を履いていたが、捕物出役では紺足袋に履き替え、十手を佩刀《はいとう》の横に挿す。ドラマなどでの火事場装束のような、勇ましい格好をしているのはあり得ない。

出役の同心を一番手、二番手と捕物にかかる順番を指示すると、一同は町奉行の前に呼び出され、与力は奉行から「検視（見届け）に行け」と命じられ、三方に桐の実を載せたものが出され、水盃をする。町奉行所の表門は八文字に開かれ、奉行が玄関まで出役一同を見送る。

罪人を捕らえて収監し、処刑するのは高級な武士のすることでないとされていた。与力は供の者に六尺の手槍を持たせているが、決して捕物に手を出さない。犯罪者が立ち向かってきて同心の手に余った場合に、槍で犯罪者をあしらって弱らせるなど、同心の援助をするが傷つけたり殺したりはしない。

与力が同心の働きを見届けることで、賞与の対象になる同心の功の順位が決まった。

◆文政十年（1827）頃の町奉行の主な掛り

町奉行

- 内与力（奉行の家臣が就任。奉行の秘書的役割　与力三名、同心一五名）
- 年番（奉行所の取締・管理・人事・出納など　与力二名、同心六名）
- 例繰方（判決の際に判例を記録・調査　与力二名、同心六名）
- 本所方（本所・深川のすべてを担当。洪水時に橋の保護や人命救助　与力一名、同心三名）
- 養生所見廻り（小石川養生所の管理　与力一名、与力三名）
- 牢屋見廻り（小伝馬町牢屋敷の取締　与力一名、同心三名）
- 定橋掛（幕府が普請した橋の維持と管理　与力一名、同心二名）
- 町会所定掛（江戸市中の町会所の管理　与力二名、同心三名）
- 古銅吹所見廻り（江戸市中の古銅吹き替え業務の監督　与力一名、同心二名）
- 高積見廻り（防火のため河岸に積んだ荷の高さ制限を監視　与力一名、同心二名）
- 風烈廻り・昼夜廻り（強風のときに昼夜巡回し火災を警告　与力二名、同心四名）
- 吟味方（刑事事件の吟味・審理。民事事件の調停・審理　与力八名、同心十名）
- 赦帳方（囚人の罪状を調査し恩赦資料を作成　与力三名、同心八名）
- 人足改・火除地掛（町火消の消火活動を指揮　与力三名、同心六名）
- 猿屋町会所見廻り（蔵前の札差業務を監督　与力一名、同心二名）
- 諸色調掛（江戸市中の物価を調査　与力二名、同心二名）
- 隠密廻り（奉行の命により密かに偵察・巡回　同心二名）
- 臨時廻り（定廻の補佐　同心六名）
- 定町廻り（犯罪の捜査、犯人の逮捕　同心六名）
- 御出座御帳御用掛（同心二名）
- 引纏役（同心三名）
- 世話役（同心三名）
- 下馬廻り（同心六名）
- 姓名掛（同心三名）
- 御用部屋手附（同心八名）
- 門前廻り（同心十名）
- 年番書物方（同心三名）
- 人足寄場定掛（同心二名）
- 定触掛（同心三名）
- 定中役（同心九名）
- 添書物加人（同心三名）
- 神田川浚見廻り（同心四名）

町奉行所同心

町奉行所同心の役目とは

町奉行所同心は、与力と同様に一代限り身分の抱席で、世襲ではなく足軽・同心と呼ばれる階級である。だが実質的には与力同様に世襲で受け継がれ、嗣子を見習いに出して経験を積ませた。

同心の役格には、年寄、増年寄、年寄並、物書、物書並、添物書、格、本勤、本勤並、見習、無足見習という一一の格がある。同心は一番組から五番組に分けられ、各組に同心支配役の与力がいて、同心の監督や公私の面倒を見た。探索召捕《めしとり》が仕事の定町廻り同心などは、役威や役得もあり、同心たちはこの役に就くことを望んだ。

与力の年番方を選ぶのは奉行の意志だが、同心の人事は年番方与力と同心支配役与力が合議して決められ、奉行には伺うだけで済まされた。与力が就く役目は十数種あり、その下役には同心が配されている。江戸市中を巡邏《じゅんら》する隠密廻り、定町廻り、臨時廻りの三廻《さんまわ》りには与力は関与していない。

「隠密廻り同心」は奉行直属で、事件の裏付けになる証拠集めをする。職務に練達した古参の同心から南北町奉行所で各二名が選ばれ、探索によっては変装もし、活動範囲は江戸市中に限らずかなり遠くまで出張し、危険な調査活動もするが、直接に犯人の捕縛はしない。

抜け荷や酒の密造、異人との交際など隠密廻り同心の仕事は多岐にわたり「古鉄の売買」「銅の売買」の取り締まりもある。銅は幕府銅座の管理下にあり、古鉄は橋や寺社の金具を外して盗む者がいるからで、寺社からの払い物は町奉行に断わらねば売買できない。

大岡忠相が南町奉行をしていたときに、さざ浪伝兵衛《なみでんべえ》という巨漢の盗賊が手下《てか》を率いて江戸の市中を荒らし回っていた。記録に残るものだけでも、放火強盗事件を一八件も起こしており、大岡は隠密廻り同心に命じて捕縛を厳命した。隠密廻り同心は町奉行に命じられると江戸に限らず捜査をするのである。

隠密廻り同心は小田原で伝兵衛を見つけたが取り逃がしてしまい、品川の非人頭松右衛門《まつえもん》の協力を求めた。松右衛門の配下の者二〇人は、富士川の手前の往来筋で伝兵衛を見つけて包囲した。伝兵衛は富士川に飛び込んだので、松右衛門の配下で水練の心得のある者が飛び込んだが、伝兵衛は泳げなかったのか、水の中で竦《すく》んでおり岸へ引き上げて捕らえた。非人たちは罪人を縛ることはできないために簀巻《すま》きにしている。やがて隠密廻り同心が合流し、伝兵衛を江戸に送って鈴ケ森《すずがもり》で処刑している。

隠密廻り同心が本領を発揮したのは、厳しく贅沢追放を追及した水野忠邦の天保の改革時と思われる。彼らの報告書には、呉服屋の越後屋、大丸、白木屋の売上高と、前年の売り上げとの比較がされているそうだ。どのように調べたのか、驚異的な調査力である。

犯人を捕縛するのは「定町廻り同心」で、南北奉行所に各六名が定員である。幕府からの通達や法令が守られているか、犯罪が起こっていないかと、月番、明番にかかわらず南北あわせて一二名が、分担を決めて毎日町地を巡回した。複雑な江戸町内のことに熟練した者にしか務まらず、たいていは四〇歳過ぎで「八丁堀の旦那」と言われた。

事件が起これば、その捜査から犯人の逮捕までを行なう刑事の役であるため、逃走した犯人を追跡するために、懐《ふところ》には一〇両ほどの金を持っていたとされる。同心は多くの手先（岡っ引）を使っている。岡っ引きの下には下っ引がいて、同心の耳目《じもく》や手足となっていた。

「臨時廻り同心」は定町廻り同心の応援が役目で南北各六名がいる。役目は定町廻りと同じだが、定町廻りを勤めた古参の同心から選ばれた。豊かな経験からあらゆる事情に通じており、後輩の定町廻りの指導をしたり、相談を受けて一目置かれていた。これら南北奉行所あわせて、たったの二八名が犯罪捜査を担当する同心で、江戸の治安を守っていた。

検視に関しては、現在の法医学に相当する『無冤録述《むえんろくじゅつ》』という書がある。これは中国の元《げん》代に王与《おうよ》が『無冤録』として記したものが、明《みん》代になって朝鮮に伝わり，日本には室町時代に伝来していた。これを河合尚久《かわいなおひさ》が、元文元（一七三六）年に翻訳したものである。上巻には検視での心がまえや注意点が記され、下巻では死因とその死体に現われた特徴が記されている。

基本的には『無冤録述』によって検視がされていたが、日数が経った水死体は自殺と他殺の判別が難しく、等閑《なおざり》にされることが多かった。

定町廻り方同心にボンクラはいない

定町廻り同心は不審者を、一応は自身番《じしんばん》で調べ、放免するか町預かりにするか、大番屋で緻密に取り調べるかを、テキパキと片付ける。定町廻り同心になる者は、一二、三歳から見習いになり、二〇年、三〇年と経験を積んで大勢の犯罪者を取り扱う経験を積んでおり、ボンクラはいなかった。そのため定町廻り同心に若年の者はなく、四〇歳過ぎの者が多い。

定町廻り同心は華々しい役目である上に役得も多く、同心たちは誰もが定町廻り同心になりたがった。

同心といえども、召し捕った者をただちに小伝馬町の牢屋に入れることはできず、牢屋も「入牢証文」がないと受け付けなかった。同心は書類を作って、夜であっても奉行所に行って提出し、入牢証文を請求するのである。

この書類は江戸城の老中、若年寄の詰所である御用部屋に回るために一日はかかり、その間は犯人を大番屋に預けていた。

犯人が旗本などの武家屋敷に逃げ込むと、目付の管轄になり町奉行は踏み込めない。武家屋敷を正式に家宅捜査をするには、町奉行と目付が相談して老中に届け出る。

町奉行所からは定町廻り同心が屋敷の外を取り締まり、屋敷内では目付から徒目付や小人目付が派遣されて立ち合い、町奉行所からの継裃姿の詮議掛与力と羽織袴姿の同心が厳正に執行する。証拠になる品は、立会人の前で書きとめて、奉行所への持ち帰りを承諾する印を捺《お》させ、持ち帰れない物は封印をした。

「粋《いき》」とされた町奉行所同心の身なり

同心は目覚めると、近くの町屋にある銭湯に行く。家には小さい内湯があるが、湯量の多い銭湯のほうが快適だ。湯屋は寛政の改革以後は男女混浴でなく、朝の四つ時（午前一〇時頃）までは女湯を留め湯にして、一般の者が入れないようにしてある。そのため女湯には刀掛けがあり「八丁堀の七不思議」のひとつである。

江戸っ子の朝湯好きで、男湯のほうは朝から客で混み合い、町奉行所同心は女風呂から男たちの世間話を聞いたとされる。与力も若いときには銭湯の女湯に入ったようだが、湯屋の噂話から事件解決の糸口が摑めたなどということはなく、要するに役得でうまいことをしたということだ。

八丁堀同心の定服は、両刀の帯刀は許されたが、公的には一般の武士のように裃や袴、白足袋は許されず、黒紋付きの羽織に袴を着けない着流しで、夏には紗か絽《しゃろ》であった。足下は黒足袋に雪駄《せった》履きで、この姿は将軍の御成先でも御免である。

羽織の裏には竜紋が付き、裾を内側に折り込んで下から帯に挟んで袋状にして裾を短くした「巻き羽織」という独特の羽織の着方である。

この羽織には背中と両袖外側、前身頃《まえみごろ》の左右胸元の五カ所に家紋を付けた「五つ紋」という武家の正式の羽織である。この五つ紋は、本来は染め抜きだが、別に描かれた紋を貼り付けたものも多かったという。

大名や大身の旗本は、何か面倒な事件が起こった場合を考えて、町方の与力や同心に日頃から顔繋ぎをしておく「御用頼み」をしており、盆や正月には金子だけでなく、各家の定紋が付いた羽織を一枚贈っていたのである。

これは、この羽織を着て屋敷に自由に出入りしてくれという意味合いのものだが、もらった側は、毎年貰って溜まっているため、羽織の紋の上に自家の紋を貼って日常に使用したのである。

定町廻り同心は、朱房の十手を後腰に差している。被り物も暑いときには菅《すげ》の一文字笠を、寒いときには頭巾が許されているが、洒落《しゃれ》者の同心たちは、そんなことはしない。

毎朝、髪結いがやってきて月代《さかやき》を剃らせて、髪を結わせるが、月代は額を広くして小鬢《こびん》の上まで剃ってある。髪は小銀杏《こいちょう》といって、髷《まげ》を二つに折って元結《もっとい》で結んだ後ろの「一」という部分が長いのは御家人風だと毛嫌いして短くしていた。髷も頭頂ぐらいまでしかなく、刷《は》毛先《けさき》を銀杏の葉のように小さく広げた。髪を一般の武士のように引詰めにせず、後頭部の髱《たぼ》を心持ち膨《ふく》らませて結い上げるという独特の髪型である。

このように、すぐに八丁堀の同心とわかる服装や髪型は、犯罪防止にもなっている。定町廻り同心の粋な格好も、おそらく江戸時代の後期になってからの江戸だけのもので、大坂や京都の町廻り同心は、こういう格好をしていない。

捕物出役での同心は

定町廻り同心が出仕するには、奉行所から中間を一人付けられ、御用箱を背負わせた。八丁堀の中間は千種《ちぐさ》（細かい模様）の股引《ももひき》を穿いて黒の脚絆《きゃはん》を付けており、南北町奉行所に三五〇人ほどいた。

中間は同心と一緒にいるために誰もが知る存在で、彼らの給金は年に三両ほどしかないが、賭場や淫売屋に顔を出せば、黙っていても一分くらいは紙に包んで出された。

中間が背負った御用箱には、同心が突然に捕物出役を命じられても対応できるよう、麻の裏地の鎖帷子《くさりかたびら》、袢纏《はんてん》、股引、脚絆、籠手《こて》と臑当《すねあて》、鉢巻、襷《たすき》、捕物用の十手、草鞋《わらじ》などの、捕物道具一式が入っている。時代劇ドラマなどでは着流しで捕物に当たっているが、市中巡回中に偶然に犯行現場に行き会ったという以外はあり得ないのである。

町奉行所は犯罪捜査をし、犯人を逮捕する機関だが、実際に捜査したり逮捕するのは同心があたる。犯人逮捕に令状は必要なく、怪しい者には「御用に付き」という名目だけで直ちに逮捕できた。

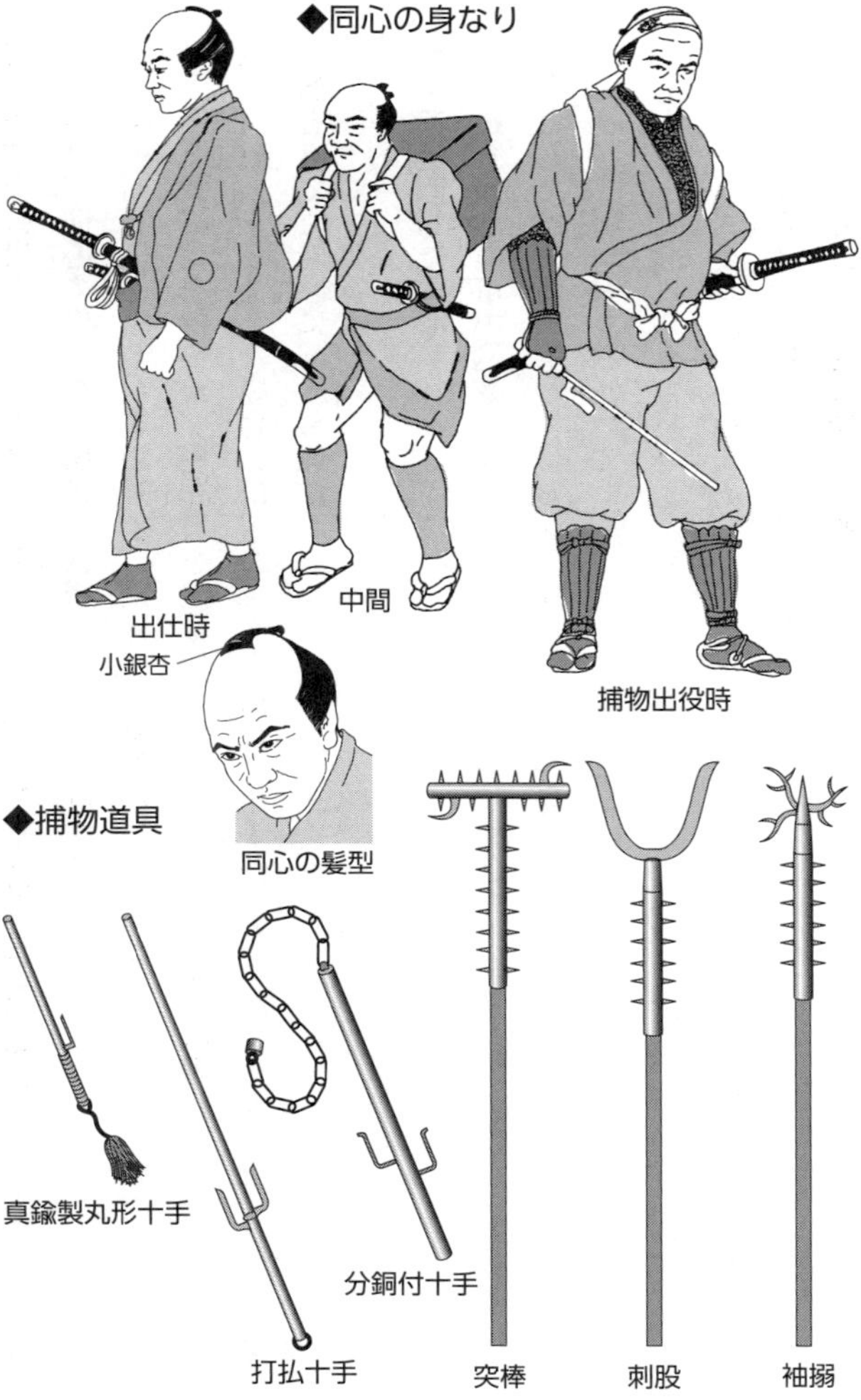
◆同心の身なり
出仕時
中間
捕物出役時
小銀杏
同心の髪型
◆捕物道具
真鍮製丸形十手
打払十手
分銅付十手
突棒
刺股
袖搦

同心が捕物に出役するときは、一番手、二番手と順番を決められ、奉行から「十分に働け」と命じられ、同心の働きを見届ける検視の与力が同行する。

この時、同心は御用箱から鎖帷子に鎖鉢巻、籠手と臑当を取り出して付け、白木綿の襷をして十手と長脇差を持つが、犯罪者を生け捕りにするため長脇差には刃挽きがしてあった。

見事に犯人を逮捕した場合には、奉行から褒賞の金子が与えられ、犯人の所持していた刀は手柄を立てた同心に与えられた。

市中を巡回した同心

定町廻り同心の市中巡邏には、小者や出入りの岡っ引きも引き連れている。小者は荷物持ちなどとして奉行所に通っているが、岡っ引きや手先は奉行所に通ってはいない。奉行所は誰が何という岡っ引きを使っているかは知らないことになっている。

同心が町々に設けられた自身番に差し掛かると「番人」と声を掛け、中から「ハァーア」と応える。さらに「町内に何事もないか？」と問うと、「ヘェーエ」と応じ、こうして次から次へと自身番に声を掛けて市内の無事を確認して歩いた。

この時、同心は「町内に怪しい者がいるようで……」などと言われると、町会の書役《しょやく》などに連れてこさせたり、案内させて岡っ引きを差し向け、同心が出かけることは少ない。
町人が泥棒を現行犯で捕まえた場合は、素人《しろうと》なりに縛って自身番に留め置いている場合もある。こういう場合は、同心は泥棒の縄を一旦《いったん》解いて道に連れ出し、改めて同心の手で縄を打った。また、居酒屋などで容疑者を見つけると、容疑者が金を払って出るのを待ち、店の外で縄を掛けた。これを「行き合い捕り」と言い、店に面倒が掛からないように気遣ったのである。

岡っ引きなどが「ちょっとこい」と言うと、たいていの者は無抵抗で自身番に連れてこられた。こうした不審者のとりあえずの取調べは自身番で行ない、夜間であれば大家に預かり状を書かせて、一晩勾留することもあった。自身番の柱には鉄環が付いており、容疑者を縛った縄尻をこれに繋いだ。

廻り方同心が容疑者を詳しく調べるには、容疑者に町役人を付き添わせて大番屋に連れて行く。大番屋は自身番よりも大きな建物で、町方同心が容疑者を本格的に取り調べることができたので「調番屋《しらべ》」とも言われ、容疑者を留置所に留め置くこともできた。

大番屋は与力や同心が集住した八丁堀や茅場町《かやばちょう》に近い場所に何カ所かあり、材木町《ざいもくちょう》の三丁目・四丁目の大番屋は三四の番屋とされて、捕り物小説によく出てくるものである。

江戸時代は厳しい連座制があり、一人の「縄付き」が出ると、広範囲の人たちに罪がおよぶため「内済」が必要だった。そのために容疑者を正式に裁判にかける前に、与力や同心が調整役となって、事件の当事者間で「内済」できればさせるため、参考人を大番屋に呼んで取調べにあたり、予審調書を作成した。

ここで証拠物件を揃え、自白を得ると町奉行所に送るが、容疑者の親類縁者が岡っ引きに賄賂を贈り、容疑者に手拭い一本と半紙一束、二分ほどの金子を持たせた。

自白せずとも容疑が濃厚なら、同心は町奉行所に入牢証文を請求した。入牢証文は手附同心が作成し、吟味方与力が審査して交付した。急ぐ場合には夜中でも交付され、重要犯人なら、入牢証文が交付されるまでは町奉行所の仮牢に入れた。

入牢証文が発行されると、容疑者は小伝馬町の牢に入れられ、この時も町役人が付き添わねばならない。容疑者は吟味方与力が取り調べ、牢屋敷内の白洲の穿鑿《せんさく》所か奉行所へ縄付きの姿で護送し取り調べた。こうなると容疑者から刑事被告人になり、調書に母印を捺し口書爪印ができると罪を認めたことになり、町奉行から刑の宣言を申し渡されるのである。

同心は道場で十手術を習得していた

十手は警察力を象徴する武器で、町方同心たちが十手を見せるだけで犯罪人の気持ちは萎《な》えた。十手は犯罪人が抵抗しても、殺害せずに捕らえる有効なものである。

十手術は古流武術で、剣豪として知られる宮本武蔵《みやもとむさし》の父新免無二斎《しんめんむにさい》は名人とされ、現在でもいくつかの流派があるとされている。

八丁堀流の十手術は、同心たちが諸流派の十手術を勝手に使用していては、同時行動をする場合に都合が悪いため、八代将軍吉宗の享保年間に、十手術に詳しい三州吉田藩の亀井重村《かめいしげむら》に命じて、十手術三十余流派を研究させて長所を選び、編み出されたものである。

与力や同心の組屋敷がある八丁堀の中に道場があり、同心と配下の小者たちが十手術や捕縛術を訓練していた。

十手術には、敵の刀の威力を削ぐ受け方、流し方、体の開き方やかわし方などがある。太刀もぎの鉤《かぎ》と棒身の技法は、梃子《てこ》の原理を応用したもので、敵刃を跳ね返し巨体の敵を投げ転がすというものである。

道場では、先に鉤が付いた縄を投げ、容疑者の着物に引っかけて素早くたぐり寄せ、ぐるぐる巻にして自由を奪い、早縄を打つ練習などもしていた。

通常の十手は一尺（約三〇センチ）前後の長さだが、捕物出役の長十手には二尺以上のものもある。十手で太刀を振る敵と対するために、左手に十手、右手に鉤のない「なえし」を使う「双角の型」もあり、左手に十手を持ち、右手に両端に分銅の付いた鎖の万力鎖《まんりきくさり》などを振って使ったり、片手に目潰しを持つこともあった。

町奉行所同心の収入はどうだった

武家では、持参金付きの養子に家督を譲ることもあり、その持参金は与力では一〇〇〇両、同心では二〇〇両とされている。

『南総里見八犬伝《なんそうさとみはっけんでん》』の作者で知られる滝沢馬琴《たきざわばきん》は、旗本の用人の子であった。馬琴は武士身分を捨てているが、やはり生涯にわたって食録が付く、武士身分に魅力を感じたようだ。天保九（一八三八）年には、孫の太郎に一三五両の持参金を付け、三〇石三人扶持の鉄砲百人組同心の養子にしている。

養子への仲介料や披露の経費、屋敷の修繕費なども必要で、孫はまだ九歳のため、成人するまで代理の者を立てて手当を支払っている。格は低くとも、武士の身分は憧れであった。

町奉行所同心は、町奉行所同心間で養子のやりとりをするのが通常で、他からの養子を迎えることはなかったと思われる。

町奉行所同心の人数は、初期には南北の奉行所に各五〇名が配されていたが、江戸時代中期には各一二〇名に増員された。治安が悪化した幕末の安政六（一八五九）年には、各一四〇名に増員されている。

俸禄は三〇俵二人扶持の蔵米取りで、年寄同心は五俵増し、物書同心は三俵増しされた。捕物などで功があったり永年勤続の者には、一〇俵から一〇〇俵までの加増を受けることもあった。

町奉行所同心には、幕府から一〇〇坪程度の屋敷地が与えられている。屋敷内を身元の確かな儒者や書家、医者などに地貸しして副収入を得たため、八丁堀の七不思議のひとつに「儒者・医者・犬の糞」というものもある。儒者や医者が犬の糞ほどに多いということだ。

こうした地貸しは、一般の旗本や御家人もしているが、地借りする者にとって、警察権を持った町奉行所同心の組屋敷の敷地ほど安全な場所はない。

それをを利用する者もいて、同心の屋敷地に博奕打ちや隠売女《かくしばいた》を置く者もいたという。北町奉行所同心の間米弥右衛門《まごめやえもん》の屋敷地に地借りして、二階建ての薬湯所を建てた者もいた。一階の薬湯は男女混浴で深夜まで営業し、二階は休憩所にしていたというが、さすがに営業停止になったという。

与力ほどではないが、同心にも大名家や大身の旗本、大店の商人から付け届けがあり、とくに定町廻り同心は余禄が多かったとされる。接待されることが常態になると、名奉行と言われた大岡忠相の配下にも、自ら接待を強要する同心もいた。

享保十七年(一七三二)に、南町奉行所同心の岡田弥五郎《おかだやごろう》は、伝馬町の名主新右衛門《しんえもん》宅で休息していた。岡田がなかなか席を立とうとしないので、仕方なく新右衛門は酒や肴を出してねぎらった。

すると岡田は「新吉原の遊廓へ行こう」と誘った。誘ってはいるが、岡田が支払うわけがないので、「新吉原へ連れて行け」という意味である。

新右衛門は、またの機会にしてほしいと婉曲に断わったが、岡田は「行くときには、奥町名主の吉兵衛《きちべえ》も連れていこう」と言って帰った。

しばらくして岡田の同僚の同心長尾平次郎《ながおへいじろう》と前浪甚助《まえなみじんすけ》が、用事があって新右衛門宅に来た時に「お前が約束を果たさないので、岡田が怒っているぞ」と告げた。新右衛門は「それなら〇日にしましょう。その日は吉兵衛宅で待ち合わせましょう」と約束した。

当日、岡田、長尾、前浪は吉兵衛宅に連れだってやってきた。新右衛門は「私は生憎《あいにく》と行けませんが、支払いは持ちますので、吉兵衛さんとお出かけください」と長尾に二両渡した。四人は新吉原の遊廓で遊び、遊女屋に一両を支払って、残りの一両を岡田と長尾で二分ずつ分けた。そして前浪の二分が足りないと新右衛門に要求したのである。

商家では町奉行所同心に睨まれると何かと不便が生じるため、時には接待をして便宜をはかってもらうこともあり、新右衛門は素直に二分を差し出した。

ところが、この件が町奉行所内で噂になり、奉行の大岡が捜査を命じた。接待をした新右衛門らはあっさりと自白したので、岡田ら三同心は、判決が出るまでの間は、それぞれの家での禁足を申し渡され、同僚の同心が見張りをすることになった。

岡田は腹の具合が悪いと何度も雪隠《せっちん》に行き、同僚の同心の油断を狙って逃走してしまった。残る長尾と前浪は遠島を申し渡されたが、岡田を見張っていた同心たちは、不調法として追放を命じられ、岡田を捜し出せば復職も考えるという厳しい処分を受けている。

新右衛門らは「幕臣が処分されたら、町人も咎められてしかるべき」という通達も出ていたので審理されたが、同心らに便宜をはかってもらったわけではないということで、お咎めなしとなった。この事件を落着させて、大岡は進退伺いを出したが、老中から遠慮におよばずとされている。

京都や大坂の同心と捕吏

京都や大坂を舞台にした捕物小説は少ない。有明夏夫《ありあけなつお》の『大浪花諸人往来　耳なし源蔵召捕り記事』は、明治維新後十年目を経た大阪を舞台にする設定である。事件は新聞記事により、解決したことがわかるようになっている。京都を舞台にしたものは、澤田ふじ子の『禁裏御付武士事件簿』『公事宿事件書留帳』があり、江戸物にはない味が感じられるものだ。

江戸では、穢多《えた》・非人身分の者は、強いて命じられた時を除いて捕物に加わることはないが、京都や大坂では町奉行所と非人たちは密接で、捕吏としての役目に携わっていた。

江戸の定町廻り同心は、岡っ引きを引き連れているが、京都では悲田院《ひでんいん》村、大坂では千日《せんにち》寺《でら》、天満山《てんまやま》、天王寺《てんのうじ》、鳶田《とびた》に非人溜まりがあることで、四箇所《しかしょ》と呼んだ非人の若者を連れて自身番（会所）を巡回した。

京都では雑色《ぞうしき》という下級役人が町奉行所に所属し、与力や同心の下知《げち》を受けて、六角《ろっかく》の牢屋敷の囚獄役や市中警護にあたっていたようだ。

同心の服装は江戸のように巻き羽織はしない。十手も柄《つか》を朱の緒で巻いたりしないでむき出しであった。四箇所の若者は綿服に博多帯を締め、左腰に黄鞘《きざや》の脇差しを帯び、右腰には鉄製真鍮《しんちゅう》巻きの鉄刀を差し、柄に黒緒を巻いて黒房を垂らしていた。

京都や大坂にも目明かしはいたが表には出ず、一般の町人が役人から内密に命じられて犯罪の密告をしていた。江戸では岡っ引き（目明かし）は「犬」と呼ばれたが、京都や大坂では「猿」と呼ばれ、犯人捕縛には一切関わらなかった。

幕末の安政の大獄などで、京で幕府権力の末端で、弾圧に加担した目明かしが、幕府に向けられるべき憎悪を受けている。

九条家の青侍《あおざむらい》島田左近《しまださこん》は、安政の大獄で、奉行所の目明し猿《ましら》の文吉《ぶんきち》を使って、容赦のない弾圧を行なっていた。この文吉は島田のしていた高利貸しの手伝いもし、法外な利息を厳しく取り立てたため、京の町人から強い恨みを買っていた。

そのため土佐藩の岡田以蔵《おかだいぞう》らは文吉に天誅を加えるとして、三条河原に連行して杭に縛り付けて絞殺している。島田も薩摩藩の田中新兵衛《たなかしんべえ》に、妾宅《しょうたく》を襲われて殺害された。

江戸では与力と同心は、八丁堀にまとまって住んでいたが、大坂では天満橋筋から天神橋にいたる地域に住み、彼らは「天満与力」「天満同心」と呼ばれた。京都では北町は千本通りに、南町が神泉苑《しんせんえん》御池角《おいけかど》に住んでいた。

岡っ引き

毒を以《もっ》て毒を制した「目明かし」

戦国時代の諸大名たちは、闇の世界も知る間諜《かんちょう》を使っていた。徳川の幕政が布《し》かれても正徳年間（一七一一〜一七一六）まではこの名残があり、町奉行所は罪人の中から心きいた者の罰を軽減してやり、目明かしとして使って仲間を密告させていた。こうした「毒を以て毒を制する」やり方で効果を上げていたのである。

岡本綺堂《おかもときどう》の『半七捕物帳』、野村胡堂《のむらこどう》の『銭形平次捕物控』、横溝正史《よこみぞせいし》の『人形佐七捕物帳』をはじめ、多くの捕物小説では、主人公の「岡っ引き（目明かし）」は、正義の味方に描かれている。しかし、現実の多くの目明かしは、根が悪党であるため悪事を嗅《か》ぎつけることに長《た》けており、そういう場所から何かにつけて金を強請《ゆす》ったりしている。そのために根津《ねづ》の宮永町《ながちょう》は衰微《すいび》し、洲崎《すさき》の久右衛門町《きゅうえもんちょう》は町が潰れてしまったという。

だが何と言っても、江戸の町は南北町奉行合わせて二六人の同心で、江戸の治安を守っており、目明かしの素性が元犯罪人でも、同心は自分の手足になる彼らを使わざるを得ず、毒であってもその力を借りるしかなかったのである。

幕府は何度も目明かしを禁じた

幕府評定所は正徳三（一七一三）年に、町奉行所へ「罪の重い悪人を助け、目明かしとか口問《くちどい》として使っているが、罪人に天下の政《まつりごと》を手伝わせるのはよくない。今後はそういう者を使ってはならん」という内規を出した。だが、この内規は守られなかったようで、七年後の享保五（一七二〇）年にも出されたが、町奉行所の与力や同心は目明かしを断ち切れず、享保十一（一七二六）年には命令としての「触れ」が出された。

それでも町奉行所の役人たちは、悪党出身の目明かしには、悪党の情報を摑みやすいため縁を切れなかった。

八代将軍になった吉宗は、「悪党のような者を天下の政に使っては、当事者に技量がなく恥ずかしいことである。止めなければならぬ」とし、役人たちが使う目明かし一〇人の旧悪を追及して、獄門にしたのである。

こうして目明かしは、表面上は途絶《とだ》えたことになったが、実際には町奉行所の与力や同心は、必要悪として絶縁することはできないでいた。そのため目明かしとは言わずに〝岡っ引き〟や、〝手先〟として誤魔化していた。

同心は岡っ引きたちを、私的に雇った荷物持ちの小者《こもの》身分とし、町奉行所に人数だけは届け出ていた。幕末には奉行所から月に一両から二両二分の給金が出ており、これは同心がもらってきて与えた。

町奉行は同心の誰が、どういう岡っ引きを使っているかなどは知らないことになっている。中にはスリの親分が岡っ引きを務めることもあり、行政機構の盲点に巣くったダニのような存在であったが、江戸時代を通じて一掃することはできなかった。

岡っ引きの〝岡〟は、新吉原以外の遊里を〝岡場所〟と言い、他人の恋人に惚れることを〝岡惚れ〟というように、正規ではないものとか、他のものの意味である。正規の役人ではない者が「ちょっとこい」と引っ張るから岡っ引きなのである。

テレビの時代劇ドラマで、「○○捕物帳」というタイトルがあり、岡っ引きの手下の下っ引きが腰に和綴《わと》じの帳面をぶら下げているのを見ることがある。その帳面を「捕物帳」と思うかもしれないが、捕物帳とは、与力や同心が聞きこんだ情報や捕物の顚末《てんまつ》を、奉行に報告すると、書役が御用部屋に備えてある記録帳に書きとめたものだ。

◆岡っ引きの捕物『江戸幕府刑事図譜』（明治大学博物館所蔵）

　また、岡っ引きは蔑称《べっしょう》で、自らを「おいらは、岡っ引きの……」とは決して言わず、「おいらは、お上の御用聞きの……」と言うのが正しい。「御用聞き」とはその筋の御用を承《うけたまわ》る者という意味である。

　水野忠邦の天保の改革では、贅沢追放の実効を急速に上げるために、強力な警察力を使っていた。天保十三（一八四三）年に、北町奉行遠山景元と南町奉行鳥居燿蔵の連名で、「深川そのほかの料理茶屋ども方に、給金差し出し出方の者を抱え置き……」と水野に報告している。犯罪者は売春街に出入りすることが多いため、奉行所が売春茶屋の男衆などに給金を与えて、犯罪者を密告させていたのである。

　幕府公認の遊廓である新吉原では、大門を入ると右側に会所があり、自治組織に雇われた番人が見張っていた。遊女の逃亡を防ぐために外出を禁じており、廓内で働く女性や、物売りの女性は、町会所が発行する通行手形を持っておかねばならない。

左側に番所があり、新吉原は町奉行所の所管のため、同心が交代で詰めていた。新吉原では岡っ引きを「目明かし」と呼び、潜入した犯罪者や　江戸市中の私娼の摘発をしていた。

岡っ引きを急増させた天保の改革も失敗し、後の文久二（一八六二）年に、幕閣は町奉行に対し岡っ引きの廃止を強く命じた。しかし、長年の弊風《へいふう》は改まることはなく、町奉行所改正掛の風聞書に「手先どもは、役人同様に心得て懐手をして商売もせず、下っ引きを子分として所々に置き、三、四人も同居させ、下女も召し使って暮らし向きはいい。女芸者や隠売女など弱い渡世の者から金銭を取り、ちょっとしたことも難しいことを言いかけて調べ番所に呼び、同心の指図で行なっているかのような態度で取り調べ、内密にすると言って金銭を貪り取っている」という実態が記されている。

これらのことは、同心が気付かないわけがないのだが、彼らを咎めると捕物に支障が出るので、見て見ぬ振りをしているため、彼らを増長させている。

弊害ばかりが言われる岡っ引きだが、彼らは捜査の第一線にいることは確かで、彼らの探索と情報提供がなければ同心の職務が成り立たないのも事実である。幕府瓦解時には約四〇〇名の岡っ引きがいたとされ、その配下の下っ引きは一〇〇〇人を超えていたとされて

◆多かった悪党の岡っ引『江戸幕府刑事図譜』（明治大学博物館所蔵）

いる。

岡っ引きの捕物

町廻り同心は、供として連れて歩く岡っ引きたちに、手札や身分証明書を与え、十手や捕縄を持たせていたが、この十手は黙認されているもので房《ふさ》は付いていない。同心たちには彼らの働きで成り立っている者も多く、金や着物を与えたり、同心の家の台所には酒樽が置かれ、飯を食わせるようにしていた。

時代劇ドラマや小説で、岡っ引きは独断で捜査し犯人を捕縛しているが、非常の場合以外には、同心の命令がなければそんなことはできないのである。だが、同心に容疑者を連れてこいと命令されると、町役人に案内させて向かい、日頃稽古をしている鉤縄や十手術で手早く縛り上げた。

岡っ引きが十手を左腰帯に差し、これ見よがしにすることはあり得ないことで、懐中に隠しているか、羽織や袢纏《はんてん》を着ている場合には右の後帯に斜めに差していた。

同心に命じられて犯人を逮捕する時に、犯人の右手を背中にねじ上げて押し伏せたり、襟首を摑んで押し伏せるが、左手で犯人を押さえ右手で捕縄や十手を抜き取るには、左腰に差していては抜きにくいため、懐中か右腰の後ろから抜き出すのである。

窃盗事件が起これば、岡っ引きが被害者宅に駆け付けて顚末を聞き、聞き込んだ概要を自分の名刺を添えて定町廻り同心や自分の所属する同心に届け出る。

盗難の日と品の内訳を詳しく書いて、各町の質屋、古着屋、古鉄屋、小道具屋、古書画屋、紙屑屋、刀剣屋、時計屋という八品商《はっぴんしょう》に触れを出し、盗品や手口によって、悪徒の立ち入りやすい新吉原や岡場所、賭場などに手配する。

これが岡っ引きの収入源だ

同心は岡っ引きたちをポケットマネーで使っているが、岡っ引きが与えられる手当は月に一両もなく、無報酬の者もいたようだ。裏長屋で女房と子二人を養うにも、月に一両が必要な時代では、手当だけでは自身はおろか手下の下っ引きの面倒も見れない。岡っ引きの中には、情報が集まりやすい料理屋や寄席などを、女房に営ませる者もいた。

だが、岡っ引きになるような者は、町の顔役であったり、犯罪者に近い存在の者であるため、お上の権威を最大限に利用して役得を得ようとした。

不倫関係にある男女がもめていると知ると、調停に乗り出す。お上の権威で示談にさせて、男から女に手切れ金を出させ、女から礼金をせしめたりしている。さらに捕縛した犯罪者の妻から、牢屋では金が掛かると金を出させたり、あげくにその妻を遊廓に売ったりする悪党もいた。

また、管轄する町の商人などからの付け届けもあるが、何よりも大きな収入源となったのが「引き合いを抜く」ことであったという。

たとえば窃盗犯が、盗んだ古着を売ったとすると、それを買った古着屋は、町奉行所から参考人や証人として呼び出される。これを「引き合い」という。

ところが江戸の裁判制度では、庶民が町奉行所に出頭するには、名主や大家が付き添わねばならない。三日も四日も町奉行所に呼ばれれば、古着屋自身が仕事もできないのはもちろん、名主や大家から嫌な顔をされて嫌味も言われるだろう。古着屋は名主や大家に平身低頭して日当を払い、酒を付けた夕飯くらいは接待せねばならない。

岡っ引きは犯人から犯行の事情を聞くと、犯人がちょっと立ち寄った店にも、裏付けを取るために問い合わせる。だが店の者は、町奉行所に召還されると物入りになるため、岡っ引きに金を摑ませて、犯人が立ち寄ったことは、なかったことにしてもらうのである。これを「引き合いを抜く」と言い、そのほうが安上がりで、互いに利のある解決法であった。

しかし、中には故意に引き合いを付ける悪党の岡っ引きもいて、こうなるとだれが犯罪者かわからないが、こうしたケチな稼ぎが岡っ引きの大きな収入源になっていたとされる。

自分の担当する事件が、関わりのある町を縄張りとする岡っ引きから「引き合い抜き」を頼まれることがある。南町奉行所定町廻り付属の手先たちは、神田新銀《しんしろがね》町の「松よし」に毎朝集まって情報交換をしていたようだ。佐藤雅美《さとうまさよし》の『半治捕物控』シリーズでは、そういう交渉の場を「引き合い茶屋」としている。

岡っ引きの下には子分の下っ引きが五、六人いるが、彼らは十手を持たされず、捕物で必要なときは、親分の口利きで同心から借りるのである。庶民は虎の威を借りる彼らから、あらぬことを密告されることが恐く、顔役並におだてていたようだ。

第三章

裁判・刑罰・盗賊

町奉行所の裁判

与力がお膳立てした裁判

捕物は、実働部隊の同心たちと、それを指揮し監視する与力で行なわれる。犯人が逮捕されて裁判になると、訴訟には必ず町奉行が最初の審議を行なう決まりがある。

だが、町奉行は毎朝江戸城に登城もせねばならないため、一日に数時間しか奉行所での職務ができず、吟味方与力が奉行に審理事項を書いたものを渡し、奉行はそれを見ながら尋問する。現在の大臣が国会などで、官僚が作成した答弁書を読んでいるのと同じである。

奉行の一回だけの形式的な審理後は、吟味方が引き継ぐ。吟味方には与力一〇騎と同心二〇名が配されているが、吟味方は刑事事件だけでなく民事事件の訴訟もあり、膨大な仕事量である。

容疑者または犯人は小伝馬町の牢屋敷に留置しているので、吟味方与力が牢屋敷に赴《おもむ》いて取り調べ、百姓や町人の死罪は吟味方与力が牢屋敷で言い渡した。

奉行所での取り調べには、同心が容疑者を小伝馬町の牢屋敷へ引き取りに行き、容疑者を数珠つなぎにして奉行所まで連行する。奉行所で仮牢に入れ。取り調べの順番を待たせる。容疑者を取り調べる吟味方与力は、容疑者が屁理屈を並べ立てるのもかまわず、息をつく余裕も与えずに追い込んでいき、泥を吐かせる手腕を持っていた。

判決を出すには、例繰方《れいくりかた》の与力や同心が過去の類似事犯を調べ、それによって罪状を決定するが、類例のない犯罪には町奉行の才覚が問われる。勧善懲悪《かんぜんちょうあく》の基本の上に教化的な狙いをもって、臨機応変の結論を出した者が名奉行とされた。

こうして、お膳立てのできた判決を、町奉行は白洲で読み上げて結審する。この時に、間違っても「一件落着」とは言わない。

これは寺社奉行でも同じで、後に老中になる遠江《とおとうみ》と国浜松六万石の藩主井上正直《いのうえまさなお》が、明治時代になって寺社奉行当時のことを「奉行の取り調べは、吟味調べ役に一切任せ、こう言えばこう応えるから、このように言い渡すと奉行と罪人の問答書が作られてあった。もし間違って面倒になると、下がれ！　追って呼び出すの一言で済んでしまったのです」と述懐している。当時は奉行は恐いものという認識があり、奉行が能力不足であっても、それで済んでしまったのだ。

ちなみに、寺社奉行は大名の就く役で、事件の捜索や裁判での吟味などは、大名の家臣がせねばならないが、それらのことに不慣れな彼らには無理であった。そこで勘定方から手慣れた役人が寺社奉行屋敷に出向し、吟味調べ役になって想定問答書を作っていたのである。

天保六（一八三五）年に裁定が下された、但馬《たじま》国（現・兵庫県）出石《いずし》藩仙石家の御家騒動では、主要人物の神谷転《かみやうたた》が虚無僧《こむそう》になっていたため寺社奉行の所管となった。

この時、勘定方の川路聖謨《かわじとしあきら》が寺社奉行吟味物調役となって、事件の調査や取り調べを行なった。川路はこの御家騒動を見事に裁断して勘定吟味役に昇格し、以後は幕府の要職を歴任していったのである。

当事者間で解決させる金公事

現在で言う民事訴訟を公事《くじ》と言う。家督や土地の境界、現行犯を除く姦通、小作や奉公人の関係など、権利関係の争いを本《ほん》公事といい、利息がからむ金銭貸借および預け金や質権訴訟を金《かね》公事と言う。

幕府は金公事の増加によって、本公事などの吟味が滞ることを重大問題とし、町奉行所は金公事を受け付けず、当事者間の話し合いによって解決させる方針とした。

金公事に関する「相対済令《あいたいすましれい》」は、寛文元（一六六一）年以来、貞享二（一六八五）年、元禄十五（一七〇二）年と、数度にわたって発令されていた。

何度も出しているのは、守られていなかったからで、幕府の触れは「三日触れ」と言われ、触れが出ても三日もすれば元通りになるためで、幕府はこれ以外でも同じ触れをたびたび出している。

享保三（一七一八）年に持ち込まれた公事は三万五七九〇件で、そのうち金公事にまつわる物は三万三〇三七件もあった。年内に処理できたものは一万一六五一件の約三分の一で、残りは翌年回しにされた。そこで、八代将軍徳川吉宗は、翌年の享保四（一七一九）年に金公事を永年にわたって取り上げないことを言い渡した。

そのため、訴権を奪われた人々は泣き寝入りするしかなくなった。この触れは「借金に苦しむ幕臣を助けるために出された」と噂されたため、「自分の利欲のために借金を返さない者があれば取り調べた上で処罰する」という説明を加えた。

そして享保五（一七二〇）年には「相対済令は金銭に関わる訴訟を受け付けないだけで、借金を返さないでいいというものではない。返さなくてもよいと考えている者がいれば訴え出るように」と、借金の踏み倒しを許すものではないことを重ねて強調した。

将軍が裁判を見る「公事上聴《くじじょうちょう》」では

寺社奉行、町奉行、勘定奉行の三奉行の裁判を、将軍が上覧することを「公事上聴」という。三代将軍家光《いえみつ》が品川御殿で行なったことが始まりとされ、家光は御簾《みす》の中から裁判の状況を見ていた。また家光は、町奉行所同心の召捕の様子を見たいと言ったので、町奉行が与力と同心を連れて吹上御庭《ふきあげおにわ》に赴き、諸役人が列座する中で、召捕の仕方を上覧にいれたという。

八代将軍吉宗も、吹上御所で公事上聴を行なった。その後は中断されていたが、十一代将軍家斉《いえなり》が復活させて数度実施している。

公事上聴を将軍が要望すると、文書で三奉行に都合を尋ねた。通達を受けた各奉行所では、与力たちが将軍に見せる裁判に相応《ふさわ》しいか、将軍の慰みになるようなおもしろい事件か、また奉行が首尾よく見事な判決に持って行けるかという観点から事件を選択したようだ。

各奉行所で準備が整うと、江戸城吹上御庭の半蔵門《はんぞうもん》の内にあった御物見のある座敷で行なわれ、上の座敷に寺社奉行四名、町奉行二名、公事方勘定奉行二名が列座し、大目付と目付も陪席した。町奉行所与力は実務担当者として控え、原告と被告を白洲に座らせ、その後ろに町奉行所同心が警備のために立っている。

水戸屋敷の裏手にある寺の住職の女遊びが話題になって、将軍家斉も興味を示して、吟味

◆『千代田之御表』に描かれた公事上聴の様子

の様子を直接に聞きたいと言った。そこで寺社奉行、町奉行、大目付が吹上御庭で吟味すると、住職は「女犯を多くしましたが、中でも新吉原の金山屋《かなやまや》の金山太夫とは深い馴染みになりました」と白状した。

すると家斉は「傾城《けいせい》（遊女）というのは、噂に聞くがこれまで見たこともない。これを召し出して吟味せよ」と命じた。翌日に町奉行が金山太夫を召し出して吟味し、遊女になった経緯を聞くと、金山太夫は「親が生活に困窮した上に病気にもなり、親のために身を売られ苦界《くがい》に沈んだのです」と詳しく述べたのである。

家斉は「この女は親孝行な者だ。客がなくては生活できず、色を売るのが仕事であるからかまわない。気を付けて遊女屋に返せ」と身の上に同情し、男を騙《だま》す者と思っていた遊女が親孝行な者と知って感心したのである。

十二代将軍家慶《いえよし》も将軍就任早々から数度行なっている。天保十二（一八四一）年八月の公事上聴では、寺社奉行、南北町奉行、公事方勘定奉行が、おのおの二件の訴訟を裁き、北町奉行遠山景元と、後に老中首座になる寺社奉行阿部正弘《あべまさひろ》が見事に裁いてみせた。

将軍家慶は、とくに遠山景元の裁きを「裁判が巧みと聞いていたが、今回の公事上聴では格別である。奉行は景元のようにあるべきだ」とお褒めの詞《ことば》が伝えられ、景元は将軍から名奉行の〝お墨付き〟を得たことになった。

地方の者の訴訟を仲介する公事宿

江戸の町では、訴訟事案には町役人たちが協力するが、地方の者が江戸で訴訟手続をするには、不都合であった。そこで法廷続きに通じた公事宿や公事師と呼ばれる仲介人が必要になるが、事情に不慣れな地方の者には、彼らなくしては裁判の遂行は不可能であった。

公事宿は訴訟や裁判で地方から来た者を宿泊させる施設で、領主の大名家が指定する宿もあり、領民は訴訟のための訴状作成や手続きの代行などで便宜を図ってもらった。

表に「公事宿」の看板を掛け、入口を入った土間の奥に帳場があり、客はその前に座って主人や手代に相談をした。二階建て造りで客室が多く、奥には奉行所の命令があれば関係者の身柄を閉じ込める「牢座敷」もあった。

主人や手代は相当の法律知識が必要とされ、内済の手続代行などを行なう公事師という者もおり、公事宿が公事師を兼ねる場合もあった。

公事宿の宿賃は安かったが、公事には地方の者でも名主や村役人が付き添わねばならないため、裁判が長期化すると費用ががかかり、金のない者は訴えることもできなかった。

公事宿の収入は、宿賃の他に代書料があり、勝訴になった場合には成功報酬を受けた。中には宿泊料を稼ぐために故意に公事を引き延ばしたり、法廷戦術を教えない悪質な者もいて、公事宿や公事師に騙されて財産を失う者もいた。

また、公事師などは役人と癒着し、訴訟人との間に立って贈収賄の斡旋もしたとされる。世襲で関東郡代を勤めた伊奈《いな》家が失脚したのは、公事宿との関係が一因であるともされる。

公事宿を舞台にした小説には、佐藤雅美の『恵比寿《えびす》屋喜兵衛手控え』などがある。

江戸時代の刑罰

幕府の秘密法『御定書百箇条《おさだめがきひゃっかじょう》』

幕政初期には幕府権力確立の途上にあり、厳刑によって支配者としての威厳を強調する必要があった。その刑には戦国時代の厳罰主義の名残があり、死刑が多く耳削ぎや指切りなどの刑も行なわれていた。特にキリシタン弾圧は過酷な処置であった。

幕府は、五代将軍綱吉《つなよし》の時代から、太平の中での文治政策に転換していった。儒教の徳治主義が浸透して仁慈の精神が尊重され、刑法も戦国時代の過酷さが緩和されていった。

八代将軍吉宗は寛保二(一七四二)年に、基本法典の『公事方御定書《くじかたおさだめがき》』上下二巻を完成させた。特に下巻は旧来の判例に基づいた刑事法令を収録し、これを『御定書百箇条』と言う。

だが、犯罪と裁判に関する法律の『御定書百箇条』は、南北両町奉行と勘定奉行、京都所司代、大坂城代のみが閲覧を許される秘密法とされた。これは罪に対する罰則を知らせずに恐怖感を持たせ、犯罪防止を狙ったものだった。

しかし、獄門《ごくもん》や磔《はりつけ》、晒《さらし》などでは、罪状を掲示した捨て書によって、罪と罰の関係はほぼ想像できたようで、『御定書百箇条』に明記されている「一〇両盗めば首が飛ぶ」などは、庶民にも知られていた。これも一度に一〇両でなくとも数度の犯罪で合計が一〇両になれば適用され、物品を盗んでも金に換算して計算された。

真っ昼間に空き巣に入られ、一〇両以上の金品が盗まれた場合には、盗まれた側に戸締まりを怠ったという油断や落ち度があったとされ、空き巣犯が死罪にならずに敲《たたき》刑になったこともある。路上でスリに遭《あ》ったり、旅行中に胡麻《ごま》のハエ（旅人を騙して金品をまきあげる者）や枕探《まくらさが》し（枕の下に隠した財布を盗む者）の被害に遭っても、被害者側に油断があったとされた。この寛大さからスリが増加し、スリは三度までは敲の上に入墨《いれずみ》で済まされたが、四度目には死罪となった。

『御定書百箇条』は公開されないために、現実に裁判に携わる者には不便で、江戸の両町奉行所では写本を所持していたようだが、天保十二（一八四二）年に、正式な写本『棠蔭秘《とういんひ》鑑《かん》』が作られた。

『御定書百箇条』は、幕府直轄領内のみで有効な法であったが、自領内の事件を独自で裁くことができた大名家や地頭（旗本）も写本を手にしたことにより、全国統一の法典のようになっていった。

こうして『御定書百箇条』は活用された

幕末に来日したアメリカの駐日総領事のハリスは、安政五（一八五八）年に幕府との間に日米通商修好条約の締結に成功した。この条約でアメリカ人が日本で犯した罪は、日本政府が裁けない治外法権とした。

治外法権の意味を知らない幕府役人の中には「外国人を裁く手間が省ける」と喜んだ者もいたが、ハリスは幕府の刑罰が厳しく残酷なため、アメリカ人に適用されるのを危惧したというのを表向きの理由としていた。だがイギリスでは一八〇六年から一八三三年の間に、約二万六五〇〇人が絞首刑になっており、日本がとくに刑罰が厳しかったわけではない。

将軍が代わるごとに朝鮮から通信使がやってきた。幕府はこれを、外国使節が日本を訪れるという権威付けに利用した。通信使が東海道を通って江戸に入る前に、鈴《すず》ヶ森《もり》の刑場で磔や獄門を見ることになる。日本が幕政下で厳しく統治されていることを知らせるためだが、これらを見せること自体が野蛮である。

日本国内では『御定書百箇条』によって、それまでよりも刑が軽減されているが、幕府は治政の基本に儒教を置いたことで、主殺しや親殺しには厳しく、子が親を訴えることや従者が主人を訴えること自体を犯罪とみなしていた。

享和元（一八〇一）年に、御小姓組山名《やまな》重兵衛《じゅうべえ》の中間に庄八《しょうはち》というまだ幼い者がいた。山名の家来で侍身分の首藤栄蔵《しゅどうえいぞう》と庄八は同年代だが、庄八は日頃から栄蔵の寝小便の始末をさせられていた。庄八と栄蔵が山名の供をしたとき、庄八が栄蔵を「小便垂れ」とからかったのか、二人は口論になり、栄蔵の腕に引っ掻き傷が残ったのである。

この事件とも言えない諍いが、何故か町奉行所に持ち込まれ、北町奉行の小田切直年《おだぎりなおとし》は、庄八に「江戸払《えどばらい》」を命じている。中間身分の者が、帯刀を許された者に対し、無礼なことをしたというのである。身分に関することは幼児でも厳しく対処されたのだ。

また、庶民に悪事を働けばこのようになるぞと、刑罰の恐ろしさを見せる見懲《みこ》らしのために、罪人を引廻《ひきまわ》し、その後に磔や、悪質な者は獄門とした。だが引廻しでは、永い牢内生活で頬がこけ、青白い顔色の者には薄化粧も認め、鼠小僧次郎吉《ねずみこぞうじろきち》も化粧されていたという。

『御定書百箇条』の代表的な定めに「徒党を組んで人家に押し入った者の張本人は獄門」「泥棒に入り人を傷つけた者は、盗品を返しても獄門」「五度以上の盗みを働き、また未遂であっても、引き廻しの上死罪」などがある。

百姓一揆などで、将軍や幕閣などに直接に訴状を渡す直訴《じきそ》は堅く禁じられ、直訴はすべて原告の死罪と確定していると誤解されているが、徒党を組んで騒動を起こし狼藉を働いたなどでなければ、問題にされていない。天保十一年の三方領知替えで、庄内藩の転封に反対する領民が直訴したが、これに対する処罰はなかった。

登城する老中の駕籠《かご》に訴状を出す「駕籠訴」は容認されており、「お願いします」と言って駕籠に駆け寄る者を、警護の者は二度までは突き飛ばすが、三度目には訴状を受理した。刑罰も「急度叱り《きっとしかり》」程度だったとされている。

『公事方御定書』では、逆罪、殺人、火付けなど死罪以上の重罪を除いて、一年以上前の軽い犯罪で、その後反省して悪事を犯していない場合は、これを旧悪として罪に問わないとする「旧悪免除の制」を規定している。この制度が犯罪者の改悛《かいしゅん》を奨励する制度とすれば、町奉行所同心や火付盗賊改方が岡っ引きを使うことも認められそうだが、そうはなっていない。

幕府は天皇の即位や崩御、改元、将軍宣下、将軍の位階昇進、日光社参、法要、世子の元服や叙位などの機会に、罪人の改悛努力があれば恩赦を与えている。

上野の寛永寺《かんえいじ》や芝の増上寺《ぞうじょうじ》で行なわれる代々将軍の回忌法要での恩赦では、御霊屋《みたまや》の前に囚徒を並ばせ、町奉行が懐中から赦免状を取り出して読み聞かせ、一段と声を張り上げて

「赦免するものなり」と言うのと同時に御霊屋の扉を開く。

御霊屋の中から盛装の大僧正が多くの僧侶を従えて登場し、囚徒一人ひとりに「南無阿弥陀仏」を十回称える「十念《じゅうねん》」を授ける。僧侶たちが御霊屋に入ると扉が閉まり、同時に囚徒の縄を解くという、重々しいセレモニーをしていたようである。

奉行が独自で出せる判決には限度があった

裁判ができるのは幕府だけではなく、大名や旗本などの地頭《じとう》も、自領内での裁判権が認められていた。幕府の断罪を「公儀仕置」と言い、大名や地頭の場合は「自分仕置」と言った。

犯人を取り押さえ、裁きを申し渡すまでの手続きを「吟味《ぎんみ》」と言い、幕府の各奉行所は自分の所管に関する事件に限り、自由に吟味することができた。これを「手限《てぎり》吟味」と言い、町奉行所では吟味方与力が、勘定奉行所では留役が任にあたった。

現代の裁判では「証拠中心主義」だが、当時の吟味は「本人の供述ほど真実なものはない」という考えから、犯罪者が犯罪の事実を認定し自供する「自白中心主義」であった。

自白させることが、有罪にする絶対条件であるため、あらゆる犯罪についての詳しい供述書や調書、お白洲での審理記録などが作成された。

本人の自白によって得られた調書を、武士や神官、僧侶の場合は「口上書《こうじょうがき》」と言い、庶民のものは「口書《くちがき》」と言って差別した。犯人が犯罪の事実を認め「恐れ入りました」となれば、口書に爪印（母音）を捺させ、奉行は罪状を言い渡して結審する。

だが、町奉行ができる手限仕置は「中追放」までで、中追放は武蔵《むさし》、下野《しもつけ》、甲斐《かい》、駿河《するが》、日光道中、東海道筋、木曾《きそ》街道筋、山城《やましろ》、摂津《せっつ》、和泉《いずみ》、大和《やまと》、肥前《ひぜん》以外に追い払った。中追放に相模《さがみ》、上野《こうずけ》、安房《あわ》、上総《かずさ》、下総《しもうさ》、常陸《ひたち》を加えた「重追放」になると、奉行の独断で言い渡すことはできず、老中に調書を提出して伺わねばならなかった。追放刑の付加刑に入墨があり、これは禁止地区へ入らないための目印とされるため、遠島では入れられない。

老中は町奉行から提出された調書を公設秘書である奥祐筆《おくゆうひつ》に審理させ、奥祐筆はその犯罪に該当する『公事方御定書』の条項と、類似犯罪の判例二例を添えて老中に提出する。これによって老中は処罰を判断し、「遠島」や「死罪」という重い処罰になると、将軍に伺った上で町奉行に執行を言い渡した。

町奉行や遠国奉行たちには「手限」として専決する委任範囲を認めているが、重罪や難事件については「仕置伺い」を出させて、老中を中心とする評定で慎重に裁定する中央集権での管理が、単純明快で揺らぎのない判決になっていた。

自白しないと拷問もされた

死罪以上の罪で、自白をしない下手人には、拷問が許されていた。拷問を行なってまで自白を必要とする罪は、殺人、火付け、強盗、関所破りおよび、文書や印章を偽造する謀書謀判である。

法が定まっていない江戸時代初期には、水責《みずぜめ》、火責、駿河問《するがどい》（両手首、両足首を背中側で縛り合わせて吊す刑）など、あらゆる残忍な方法で罪人を責めていた。『御定書百箇条』が制定されると、牢屋敷での拷問は笞打《むちうち》（縛り敲）、石抱《いしだき》、海老責《えびぜめ》、釣責《つるし》の四種に限定された。笞打と石抱は穿鑿《せんさく》所で行ない、海老責と釣責は拷問蔵で行なった。敲、石抱、海老責は「牢問《ろうどい》」として町奉行が許可すれば執行されるが、「拷問」とする釣責は老中の許可が必要である。

拷問は牢屋敷で行なうため町奉行の所管に属し、寺社奉行、勘定奉行の審理に属する者の拷問も町奉行に委嘱され、町奉行吟味方与力の指図により行なわれた。

町奉行所から吟味方与力が牢屋敷に出張し、容疑者に「尋問しても公儀を恐れず白状せぬうえは、拷問にかけるつもりである。前非を悔《く》い、ありのままを白状いたせ」と諭《さと》すが、それでも自供しないときは叱りつけて「もはや是非もなし」として係役人に拷問を命じる。

笞打は罪人の両腕を背中に廻してきつく縛り上げ、牢屋敷の打ち役同心二人が交代で、長さ二尺ほどの割れ竹を、麻縄で太さ三寸ほどに包んだ箒尻《ほうきじり》で、骨を痛めないように左右の肩を一五〇回ほど叩き、皮肉は破れて流血する。笞打は武士、僧侶、女性にはされない。

石抱は三角形の木を並べた算盤《そろばん》板の上に罪人を正座させ、膝の上に一枚約四五キロの石を乗せていくものである。罪人が気絶すると医者が気付け薬を飲ませて醒《さ》まさせた。

火付盗賊改方では、所定の方法以外の拷問も行なったとされる。長谷川平蔵より前に火盗改になった横田松房《よこたとしふさ》は、石抱で折り曲げた脚の間に棒を入れたため、骨が砕けるという過酷な取り調べで恐れられた。

海老責は火付盗賊改方の中山勘解由《なかやまかげゆ》が創案したものとされる。罪人を胡座《あぐら》をさせて両手を後ろに回させて縛り、縛った両足が額に密着するまで締め付ける。こうして半刻もすると、冷や汗が流れ全身が真っ赤から紫色に変じて、苦痛は極度に達した。

釣責は水戸藩士曽根甚六《そねじんろく》が考案したものと伝えられる。罪人を背後で縛り上げ、その縄を梁《はり》に付けた輪に通して引き上げた。時間が経過すると縄が肉に食い込んで苦痛は激しく、強情な者も大概は自白したとされる。

拷問には目付から御徒目付や御小人目付、医師らが立ち合い、法外の拷問や違法な取り調べのないように監視もさせている。しかし、拷問によってであろうと被疑者が爪印を捺せば、刑事責任を承認したということになった。

自白しないため一両の罪で死罪に

北町奉行榊原忠之《さかきばらただゆき》が審理した播州《ばんしゅう》無宿の木鼠吉五郎《きねずみきちごろう》は、天保五（一八三四）年の夏に小間物屋で鼈甲《べっこう》の櫛《くし》を万引きし、故買屋《こばいや》に一両で売った罪で逮捕された。余罪がなければ敲の上に入墨の加刑に相当するのだが、吉五郎は物証の櫛を突き付けられても犯行を否認した。

榊原は拷問で自白させることにした。最初は吉五郎を笞打にしたがラチが開かず、石抱に切り替えた。だが吉五郎は五枚の石抱に耐え、二年後には一〇枚にも耐えて、二度の海老責、二度の釣責など二七度の拷問にも自白せず、遂には拷問で快感の表情を表わすようになったという。

音《ね》を上げたのは吟味方与力のほうで、奉行の榊原も困り果てた。幕法では犯罪が明白であれば、自白が無くとも有罪にできる「察斗詰《さっとづめ》」という刑がある。吉五郎には、仲間が認めている状況証拠も物的証拠もあり、それを適用された。吉五郎は、一両の犯罪を自白しなかったため、天保七（一八三六）年五月に、敲刑で済む犯罪で死罪が執行されたのである。

「呵責《しかり》」から「死刑《しけい》」まで六種類ある刑罰

江戸時代の刑罰は正刑《せいけい》、属刑《ぞくけい》、閏刑《じゅんけい》の三種類がある。

正刑は正式な刑罰で、律令時代には「笞《ち》、杖《じょう》、徒《ず》、流《る》、死《し》」としたが、江戸幕府は「呵責」「押込《おしこめ》」「敲《たたき》」「追放《ついほう》」「遠島《えんとう》」「死刑」の六種類とした。

「呵責」は叱られることで、現代人には刑罰という認識が薄いだろうが、当時は面目を失わせるそれなりの刑罰であった。これにも注意程度の「叱り」と、より重い厳重注意の「急度《きっと》叱り」があり、町奉行所に町名主や家主が同道した上で申し渡された。

「押込」は、犯罪者を座敷牢や土蔵に閉じ込める刑で、期間も二〇日、三〇日、五〇日、一〇〇日がある。

「敲」は、従来は耳そぎや鼻そぎとされたものを、八代将軍吉宗の時代に敲にした。牢屋敷の門前に筵《むしろ》を敷き、牢屋見廻り与力と牢屋奉行らが立ち合い、罪人を裸にして腹這いにし、顔を往来に向けさせて牢屋下男《しもおとこ》が手足を押さえて、打ち役同心が箒尻《ほうきじり》で肩や尻を敲いた。

湯屋で衣類を盗んだなどの、軽い罪は「五十敲」とされ、主人の金で賭博をしたなど重い罪は「百敲」になった。敲が終わると背中に白膏を塗って衣服を着せ、家主らに引き渡したが、引き取り手のない者はその場で追放した。

◆敲刑『江戸幕府刑事図譜』（明治大学博物館所蔵）

敲刑になった者が再犯を犯すと入墨を入れられた。幕府では左肘の下に二本の筋を入れたが、諸藩では形や箇所が違い、紀州藩では額《ひたい》に悪と入れ、広島藩では初犯には額に「一」と入れ、再犯で「ナ」になり、三度目は犬畜生同等とされ「犬」となった。

「追放」には抜け穴もあった。旅で江戸を通過することは許されており、所払いされた者が江戸に舞い戻り、外出する時は旅装で出かけるという者もいた。

属刑は正刑に附属する付加刑で「晒《さらし》」「入墨《いれずみ》」「闕《けっ》所《しょ》」「非人手下《ひにんてか》」の四種類ある。閏刑は身分に応じた刑罰で、武士には「逼塞《ひっそく》」「閉門《へいもん》」「蟄居《ちっきょ》」「改易《かいえき》」「預《あずけ》」「切腹《せっぷく》」がある。蟄居は外出を禁じ一室に謹慎させる刑で、閉門は屋敷の門扉を固く閉ざし、出入りを禁止するものである。

切腹は、武士が腹を割って見せるという、体面を保たせる「名誉ある死」という一種の特典である。江戸時代中頃になると形式化し、罪人が切腹刀（扇子の場合が多い）を取った瞬間に介錯人が首を打ち落とすようになり、打ち首に近いものになった。幕府の外交政策を批判したとして、国許で永蟄居を命じられた渡辺崋山は、畑仕事や絵を描いていたが、「藩主にお咎《とが》めがおよぶ」と騒ぎ立てる者がいて自刃している。

武士には「召放《めしはな》ち」という、主家から解雇されるものがある。命を奪われるものではないので、切腹よりも軽い罰だが、子孫は継ぐべき家を失い、名誉の回復も、再仕官することも難しいことから、現実は切腹よりも重い刑罰かもしれない。

僧侶や神官の閏刑は「晒」「追院」「退院」「一派構《いっぱかまい》」「一宗構《いっしゅうかまい》」などがあり、庶民には「過料《かりょう》」「閉戸《へいもん》」「手鎖《てぐさり》」がある。女性には「剃髪《ていはつ》」などもある。

奉行が判決を申し渡すときの言葉にもランクがある。軽微な罪には「不束《ふつつか》」と言い、その次の不注意程度には「不念《ぶねん》」とした。それより重いと「不埒《ふらち》」とし、重罪の遠島以上の罪には「不届《ふとどき》」と表現した。

同じ死刑でも六種類あった

正刑の中でももっとも重い死刑にも、罪に応じて「下手人《げしゅにん》」「死罪《しざい》」「獄門《ごくもん》」「火罪《かざい》（火焙《ひあぶ》り）」

◆斬首刑『江戸幕府刑事図譜』（明治大学博物館所蔵）

「磔」「鋸挽《のこぎりび》き」の六種類がある。

その違いは死後の処置にあり、「下手人」は断首される者を言うが、犯罪捜査での下手人は、私欲ではない喧嘩や口論で、手を下して殺人を犯した者を言うため「火付けの下手人」とは言わない。

下手人の死体は埋葬を許され、刀の様斬《ためし》りにされることもない。

私欲による殺人は「死罪」とされ、卑属殺しや尊属傷害、官名詐称、徒党を組んだ強訴、一〇両以上の盗み、他人の妻との密通などに適用された。

死罪は首を晒される獄門や火焙りよりは軽い刑だが、死体は様物《ためしもの》にされて親族による埋葬は許されず、本所や千住の回向院《えこういん》に葬られた。下手人は昼間、死罪は夜に刑を執行された。

死罪になる者は牢を出されて改番所《あらためばんしょ》に連行される。

ここで検死与力から「○○の罪、不届きにつき、死罪を申し付けるもの也」と判決文を読み聞かされ、罪人は「お有り難うございます」と応えて、牢屋敷の東北隅に引き立てられる。罪人が牢の前を通ると、牢名主代が哀悼の言葉をかけるのが恒例である。

死刑囚になった罪人は、斬り場の入口で二つに折った半紙で目隠しされ、土壇場《どたんば》に座らせられ、その前には穴が掘られてある。死刑囚は穴に向かって首を差し伸べ、打役《うちやく》同心によって首を打たれるのである。

極悪な罪人であっても、人の首を斬る打役は誰しも嫌なものだった。多くの場合は浪人身分で嘱託の山田浅右衛門《やまだあさえもん》に依頼した。浅右衛門は打役同心が刀の研《と》ぎ代としてもらう二分の手当と、罪人の肝臓を受け取った。肝臓は乾燥させて薬として売られた。

斬首した首を晒す「獄門」は、死罪の付加刑に思われるが独立した刑である。磔などにされる場所は、罪人の出生地が江戸より北の者は小塚原《こづかっぱら》、西の者は鈴ヶ森としていたが、文化六（一八〇九）年以降は居住地や犯行場所により御仕置場が決められた。

牢屋敷で処刑された首は御仕置場に運ばれ、罪名を書いた木札が立てられ、首は台木に置かれて三日二夜晒された。役人が収賄すれば獄門だが、村役人の場合は免職で済んだ。

同道者にもハードな江戸市中引廻し刑

死刑の中でも、獄門、火罪、磔、鋸挽きに科せられる重罪死刑囚は、「引廻し」にされた。引き廻しのコースは罪の軽重によって違い、軽い者は牢屋敷の裏口を出て江戸橋と日本橋の間を往復するだけだが、効果を上げるために、町地を通って人目に晒すよう配慮していた。

引き廻しには「五カ所引廻し」と「江戸中引廻し」の二種類がある。「五カ所引廻し」では、牢屋敷から鈴ヶ森または小塚原の御仕置場に行く引き廻しで、途中の五カ所に罪人の名や罪状を書いた捨て札を立てたので、この名がある。

重罪の者が「江戸中引廻し」になると、小伝馬町から京橋、銀座通り、浜松町、高輪《たかなわ》、赤羽橋、飯倉《いいぐら》、溜池《ためいけ》、四谷、市ヶ谷、神楽坂《かぐらざか》、小石川、本郷、湯島、下谷《したや》、田原町《たわらまち》、浅草、今戸、花川戸《はなかわど》、蔵前《くらまえ》、馬喰町《ばくろちょう》と廻って小伝馬町に帰る。江戸城の外周を廻った約一〇里（約四〇キロ）の道程で、同道する者が健脚でも辛い強行軍である。

罪状を書いた幟《のぼり》を持った非人を先頭にして同道する人数も多く、正副二名の検死与力が騎馬で、警備の同心四人も徒歩でしたがうという、物々しい行列になった。

磔の罪人は、裸馬に乗せられて御仕置場まで引き廻されるが、途中で最期の食事が許され、検視役与力の支払いで好きなものを飲食できた。

◆市中引廻し『江戸幕府刑事図譜』（明治大学博物館所蔵）

罪人は刑場で刑木に磔にされ、非人により槍で二、三〇回突き刺される。死体は三日間晒された。

遠島になり島名主を殺害した河内《かわち》国無宿貞蔵《ていぞう》ほか四人は、牢内でも不届きなことが多く小塚原で磔と決まった。処刑場に向かう途中で飲食も許されたが、貞蔵は「傷口から流れ出て見苦しいだけだ」と言い、刑木に括られても不敵に「しっかり頼むぜ」と突手を叱咤し、槍を突き入れられると隣の仲間に大声で「しっかり受けろ」と言って微笑《ほほえ》んだという。博徒の国定《くにさだ》忠治《ちゅうじ》などの関所破りはその関所で磔にされた。

主殺しなどの重罪に適用されるのが鋸挽きである。織田信長は自分を鉄砲で狙撃した杉谷善住坊《すぎたにぜんじゅうぼう》を、この刑で処罰している。

鋸挽きは、罪人を箱に入れて首だけ出して埋め、生きたまま三日間晒した。この間に竹製の鋸で見物人に挽かせるが、江戸時代にはそれを実行する見物人はいないため、罪人の肩を斬ってその血を鋸に付けて首の横に置いた。その後、刑場で磔にした。

「火事と喧嘩は江戸の華」とするが、幕府は多くの人命や財産を奪う放火を憎んだ。庶民が火付け犯を捕まえたり、犯人を訴え出ると銀三〇枚の褒美が出され、放火犯を生きながらに焼き殺すという極刑で厳しく対処した。

放火犯は火を付けた町を引き廻し、刑場に着くと柱に縛って、人型の竹で編んだものを被せ、その上を藁《わら》や薪《まき》で覆《おお》った。検視与力の命令で火が付けられ、炭化した屍体に念のためのトドメとして、男なら鼻と陰嚢、女なら乳房を火のついた薪で焼いた。八百屋お七もこのようにされたのだろう。

将軍吉宗が憎んだ心中などに晒し刑

八代将軍吉宗が『御定書百箇条』を制定する前までは、心中は犯罪ではなかった。

五代将軍綱吉の元禄年間（一六八八～一七〇三）には、華やかな元禄文化が華開き、世相は太平に慣れて頽廃し、近松門左衛門《ちかまつもんざえもん》の『曽根崎心中《そねざきしんじゅう》』などによって、密通や心中が人間愛の真情を表わす極致の行為として、讃美する者さえ現われるようになって流行した。

◆日本橋に晒された破戒僧『風俗画報』

しかし、将軍吉宗自身が心中を嫌ったため、心中という言葉も禁止して「相対死《あいたいじに》」と呼ばせている。

『御定書百箇条』は公開していないが、心中の条項だけは広く庶民にも知らされ、相対死の者は遺骸を裸にして晒し、埋葬もさせない。一方が生き残れば下手人（死刑）と定めていた。

しかし、寛政四（一七九二）年に北町奉行になった小田切直年《おだぎりなおとし》は、互いに同意した相対死か無理心中かの確定は難しく、確定できない場合は老中に伺った上で埋葬を許すと認めた。

心中の生き残りや修行僧の買春は、日本橋南詰の高札場横の空き地に、三日間晒される。晒し場は七間《けん》幅に奥行きが六間の敷地に、三尺おきに杭を打ち、青竹で二重に柵を設け、奥に菰葺《こもぶ》きの番小屋が作られ、晒し人は筵《むしろ》の上に座らせられ、罪状が書かれた捨札が立てられている。

色欲で心中をするような者は禽獣《きんじゅう》以下とした。小屋の横に穴を掘り板を渡した便所で、両手を縛られたまま用便するが、男も女も見張りの非人に尻をまくってもらわねばならない。

晒しの時間は朝六つ半（七時頃）から、夕方の七つ（午後五時頃）までで、以後は畚《もっこ》に乗せられて非人に担《かつ》がれ、通行の多い道を選んで小伝馬町に連れ帰られた。牢屋敷の裏口から入ったが、この道中は一種の引廻し刑である。

女犯が禁じられた僧は、同じ坊主頭の医者に変装して女郎買いをする者もあり、役人に見つかると逮捕された。若い修行僧なら晒された後に本山に引き渡され、寺法に照らして追放などにされた。寺を預かる住職には晒しはないが、伊豆七島の八丈島《はちじょうじま》などへ流された。

心中で生き残った者は本来は死罪だが、女性には晒しの期間を終えると非人頭の支配下に置かれる非人手下《てか》に落とされることもあり、死んだ者は丸裸にされて捨てられた。

食糧事情の悪い離島への遠島刑

日本での流刑《るけい》は古くからあり、権力闘争に敗れた者が僻地や離島に送られ、時には天皇や上皇までもが島流しになっているが、離れ島に流して追放してしまえばそれきりであった。

江戸時代では流刑を遠島《えんとう》と言い、三代将軍家光が嫡男竹千代《たけちよ》（後の家綱《いえつな》）とともに、近習から遠島になった罪人の話を聞いた。この時、竹千代は「彼らは何を食べているのか」と聞いたが、誰も答えられなかった。すると竹千代は「命を助けて流罪としたのに、なんで食糧を与えないのか」と問い質した。これに父の家光は喜んで「これを竹千代の仕置きのはじめとせよ」と近習に命じたとされる。

そういうことからなのか、遠島刑は想像するよりも緩《ゆる》やかで、罪人である揚座敷《あがりざしき》の武士には二両、揚屋《あがりや》の武士や僧侶には一両、その他の者には二分を銭にして「手当金」として支給し、島で使う膳や椀を各一個、薬と半紙二帖も与えている。

さらに遠島刑の船が出帆する前日までに親類縁者が届け出れば、米二〇俵、麦五俵、銭は二〇貫文までなら、流人に持たせることができた。島に送られてからも、島の食糧事情から流人への見届け物（差し入れ）が許されている。しかし、そんな流人はほとんどなく、もしいても多くは船頭や島の役人などに奪われただろうと思われる。

『御定書百箇条』で遠島になる犯罪は、博奕《ばくち》、喧嘩《けんか》、僧侶の女犯、詐欺《さぎ》など三三種あり、放火や殺人は死刑だが、一五歳以下の者には一五歳になるのを待って罪一等を減じられ遠島に処した。

流刑で流される島は、美濃《みの》以東の犯行は、いったん江戸に収監されて伊豆七島になるが、伊勢や近江以西の犯行なら大坂から隠岐《おき》、壱岐《いき》、肥前の五島《ごとう》、天草《あまくさ》、薩摩《さつま》の島々に送られた。

◆島送りを見送る縁者『江戸幕府刑事図譜』（明治大学博物館所蔵）

だが、島々の食糧事情から寛政八（一七九六）年以降は、八丈島、三宅島《みやけじま》、新島《にいじま》と隠岐だけになった。

流人船が春と秋に江戸を出帆するまでは、罪人は牢屋敷で待機するが、一般牢ではなく東口の揚屋に入れられた。罪人に流罪地が知らされるのは出帆の前日で、江戸での最後の夜は流刑される全員が揚屋に集められ、手当金の中から四〇〇〇文を限度に酒や食べ物を頼むことが許された。

流人たちは永代《えいたい》橋、霊岸《れいがん》島、浜《はま》御殿《ごてん》口などの御船手組屋敷に集められ、五〇〇石積みの御用船に移され鉄砲洲《てっぽうず》沖合に三日間碇泊し、ここで流人への面会や見届け物があると許された。親類縁者には出帆の日が知らされていて、見送られて海上一二〇里（約四八〇キロメートル）ある八丈島などに向かった。

八丈島には地役人や村名主などがいて、罪人たちは島の法度《はっと》を言い渡され、島の五つの村に分けられる。ここで流人頭から米や手荷物の陸揚げの費用などのいろんな名目で収奪される。仮宿りの寺での二食分が二〇〇文、風呂に入れば一〇〇文取られ、その後は「勝手次第に渡世すべき事」とされ、独力で生きていかねばならない。

島では島民でさえサトイモやサツマイモを常食にしており、米はめったに食えない。医師や大工などの手技があれば何とかなるが、そうでない者は農作業や漁で島民の作業を手伝い、貝や海草を拾うなどで生命を繋ぎ、女流人の多くは体を売ることで、わずかな食料にありついた。だが、冬には風も強く、農漁業の手伝いもないため、死亡する者が多かった。

罪人でも見届け物のある者は裕福で、安藤広重《あんどうひろしげ》の義弟で浄土宗寺院の住職であった了信《りょうしん》は、女犯で流罪になっていたが、同門の寺から米などや広重から銭が送られており、江戸の広重の娘に黄八丈《きはちじょう》を贈っている。しかし物品を盗まれないようにするのに必死であったとされている。

将軍家に慶事や仏事があれば、島で一〇年以上過ごした者から選ばれて御赦免《ごしゃめん》されたが、女犯僧や幼女姦の者に赦免はなかった。

八丈島から島抜けした喜三郎《きさぶろう》

関ヶ原の戦いに敗れた宇喜多秀家《うきたひでいえ》が、慶長十一（一六〇六）年に八丈島に配流され、八丈島の流人第一号とされている。秀家は息子や乳母などを加えて一三人で流され、生活に苦しんでいる。

秀家の正室豪姫《ごうひめ》が寛永十一（一六三四）年に没すると、幕府は彼女の遺言を受け入れて、豪姫の実家の加賀の前田家が、秀家に見届け物を隔年で送ることを認めた。前田家では白米七〇俵、金子《きんす》三五両、衣類、薬品などを、秀家の死後も子孫に送り続けている。

この前田家の仕送りがなければ、宇喜多一族は八丈島の厳しい環境の中で、生き延びられたかは疑問である。明治三（一八七〇）年に、赦免になって東京の土を踏んだときには、宇喜多一族は七家に増えていたのである。

天保七（一八三六）年には天保の飢饉が頂点に達し、幕府は町奉行と勘定奉行に、農民を博奕に誘う博徒の取り締まりを命じた。関八州の幕府領を所管する勘定奉行の内藤矩佳《ないとうのりとも》配下の関東取締出役《かんとうとりしまりしゅつやく》は、下総佐原《さわら》の親分喜三郎を捕らえた。

喜三郎の実家は小作米が年に六〇〇俵も入る豪農で、料理屋も経営して裕福であった。その財力を背景にして喜三郎は若い頃には江戸に遊学し、普化宗《ふけ》（虚無僧《こむそう》）の修行も積み、美声で新内節《しんない》を唄い、土地で羽振りを効かせていた。

賭博常習者は遠島刑である。喜三郎が送られた八丈島には豊菊《とよきく》と花鳥《かちょう》という新吉原の遊女がいた。この二人はともに付け火をしていたが小火《ぼや》で終わっていた。付け火は未遂でも火罪（火焙り）になる重罪だが、一五歳以下だったようで八丈島に送られていた。

豊菊は八丈島で女の武器を活用して生活しており、二二歳の時に花鳥が送られてきた。同じ境遇の二人は話も合い、花鳥も豊菊同様にして生活の糧を求め、それから八年が経過したときに喜三郎が送られてきたのである。花鳥がインテリ博徒の喜三郎に惚れたようで、たちまち二人は夫婦同様の仲になっていた。

喜三郎は佐原の実家から見届け物もあり、島の中では裕福な生活をしていたようだ。彼は御赦免などを当てにせず、島抜けを決意した。学のある喜三郎は、島の山頂から潮流や風向きなどを調べ、黒潮を乗り切るには屈強な漕ぎ手が五、六人必要だと計算した。

喜三郎は朝日象現《あさひしょうげん》と名乗って虚無僧になって島内を廻り、同じ博徒であった五人の男を選んで連絡を取りながら、密かに帆柱《ほばしら》や筵帆《むしろほ》、舵《かじ》と櫂《かい》などを用意してチャンスを待った。

天保九（一八三八）年七月に絶好の潮流と風向きになり、喜三郎の小屋には仲間が集結した。白米五升を握り飯にしたものや鰹節二〇〇本、干飯《ほしいい》一升、竹筒五〇本に水を入れ、目を付けていた船に乗り込み、三日の早朝七つ（午前四時頃）に房総に向けて乗り出した。

喜三郎は八丈島の位置を知っており、順風に乗って一気に進んだが、三宅島から大島に向かう沖合で波と風に翻弄された。

七月九日に喜三郎と花鳥、常太郎《つねたろう》の三人は、常陸《ひたち》国鹿島《かしま》郡荒野浜《あらのはま》に打ち上げられたが、他の四人は海に落ちたという。喜三郎は小舟で佐原に密航して父親に会い、二十三日に江戸に入っている。花鳥は喜三郎の子分たちが捜した両親と九年ぶりに再会した。

喜三郎は虚無僧姿になって、実家と取引がある長州下関《しものせき》の肥料問屋を頼って逃れることにしたが、直前に北町奉行所と火付盗賊改方の捕り方に捕縛された。

牢に入れられた花鳥は、自白しないので石抱の刑を受けることになった。張り番が花鳥の膝に石を乗せようとすると、口から一分金を出したのである。張り番も花鳥の膝に負担が掛からないように石を乗せた。だが白状をしないからもう一枚乗せようとすると、また口から一分金を出すというしたたかな女であった。

女義太夫の二〇人ほどの女が入れられてくると、牢名主の花鳥は、ツル（牢名主への賄賂）を持たない女に、尻まくりをさせて向こう向きに座らせるなどの虐め《はずかし》をしたとされ、天保十二（一八四一）年四月に江戸市中引き廻しの上で獄門に処せられた。

主犯の喜三郎は、北町奉行の遠山景元から七年間におよぶ吟味を受け、親元の差し入れもあり、牢名主になっている。天保十二年一月に牢屋敷に火災が迫り、囚人が解き放されたが、喜三郎が支配する東大牢の囚人は全員が戻ったので、喜三郎は永牢（終身刑）に減刑された。

また、喜三郎は遠山から勧められ、八丈島の地誌から風俗や言語にわたる『朝日逆島記《あさひぎゃくとうき》』という島抜けの記録を書いている。これを寺社奉行、町奉行、勘定奉行、火付盗賊改方に献上して幕閣を驚かせた。

これによって、弘化二（一八四五）年には「江戸十里四方追放」に減刑されて釈放された。だが流人生活と獄中生活で労咳《ろうがい》（肺結核）を病んでおり、放免一カ月後に深川富岡《とみおか》町の縁戚の者の家で息を引き取った。この時、喜三郎は四〇歳だったという。

甲州の博徒の親分竹居吃安《たけいのどもやす》こと安五郎は、嘉永四（一八五一）年に、伊豆の新島《にいじま》に流罪になっていたが、嘉永六（一八五三）年六月に、流人七人とともに島抜けに成功した。

この時、安五郎は新島の名主を殺害して鉄砲を奪い、漁師二人を拉致して伊豆の網代《あじろ》に着いている。

安五郎は郷里の竹居村に帰り、黒駒勝蔵《ころこまのかつぞう》らを子分にしていたが、関東取締出役や石和《いさわ》代官に追われ、文久元（一八六一）年に石和代官所の役人に捕縛され、翌年に甲府の牢に移され死去したとされる。早々に断罪にされたのかもしれない。

三宅島に流された半鐘

五代将軍綱吉は極端な動物愛護令を出し、違反した者を厳しく罰した。そのため誰も鳥を捕らなくなったので鳥が急激に増え、江戸市中だけでなく緑の多い江戸城内にも鳶《とび》などが多くの巣を作るようになった。だが、綱吉自身が鳥から糞《ふん》をかけられることがあり、鳥を捕まえさせて牢に入れ、八丈島に流罪にしたという。

文化二（一八〇五）年二月に、町火消し「め組」の辰五郎《たつごろう》は、芝明神の勧進《かんじん》相撲《すもう》に木戸銭を払わずに入ろうとした。辰五郎らは木戸御免を認められていたが、同行の者はそうでないために木戸番が咎《とが》め、力士の九龍山《きゅうりゅうざん》が木戸番に加担し、その場は治まった。

だが、芝居見物に向かった辰五郎たちは九龍山と鉢合わせし、喧嘩になったが相撲の年寄などが仲裁に入っていったんは治まりかけた。

ところが力士の四《よ》ツ車《ぐるま》が九龍山をたき付けた。部屋から力士仲間を応援に呼ぶと、火消しも火事場支度《じたく》で応戦し、火の見櫓《やぐら》の半鐘を鳴らして仲間を呼び大混乱に発展した。火消しは江戸町奉行、相撲側は寺社奉行の管轄のため、評定所で三奉行が集まって評議が重ねられた。

結局は辰五郎や九龍山は江戸を追放になった。これには喧嘩を拡大させたとして、半鐘を三宅島に遠島にするというおまけが付いたが、これは奉行たちの受け狙いと思われる。

売春はどう罰せられた

江戸時代は儒教精神の浸透から、性に関する倫理観が厳しかったように思われがちだが、それはとんでもない誤解である。

明治時代になって日本が軍国主義の道を進むようになり、兵士が心置きなく戦地で任務に就けるように「良妻賢母」が求められ、女性に性の倫理意識を植え込んだとされている。

江戸時代では、まともな町人の家では娘の身持ちに気を配っていたと思われるが、性にルーズな町人の娘や後家は、茶屋娘として料理茶屋などに呼ばれて売春をしていたようである。こうした風俗の乱れは、町人だけのものではなかった。

江戸の番町《ばんちょう》には番方の旗本屋敷が集まっている。旗本は〝殿様〟と呼ばれる身分だが、その娘には美人だが淫奔な者が多かったとされ、番町の旗本の娘というだけで縁談は纏《まと》まりにくかったようだ。性に関する意識は生活環境によるとされるが、番町辺りといえども、下町と変わらないものだったのだろう。

江戸は男ばかりが単身で流入したため、圧倒的に男の人口が多く、享保六（一七二一）年の町方のみの人口調査では、男が約三二万三〇〇〇人に対し、女が約一七万八〇〇〇人である。調査対象ではない武家や寺社では、圧倒的に男性が多いため「男三人に女一人」とされ、妻《めと》を娶ることができれば幸運な男と言っても過言ではない。

江戸では遊女を新吉原に集めて公認したため、新吉原以外での淫売は新吉原の意義がなくなるので、それらは建前の上では処罰の対象になった。

江戸城内で町奉行は目付から「この頃、隠し淫売が出るが、町奉行は目がないのか」と言われ、町奉行は奉行所に帰って、与力に「御目付から小言を言われた、困るではないか」と言うと、与力や同心は精を出して、夜の女たちを捕らえるのだが、町方では女たちをわが子のように思うところがあり、庇《かば》うようなこともあったという。

男たちの性欲を満たす「隠売女」を置く場所は、江戸の各地にあって岡場所と呼ばれた。女芸者は踊りや三味線の芸を売る合法なものであったが、やがて身体も売るようになり、厳しく取り締まられるようになった。

公娼である新吉原以外で売春させた者は、身上に応じた過料または百日間の手鎖《てぐさり》の上で所《ところ》預《あず》けという、案外と軽い刑である。だが売春宿の主は所払いにされ、宿の地主は五年間家屋を取り上げられ、家主は過料の上に百日の手鎖、名主や五人組も過料が科せられるという、町ぐるみの刑になった。

密通の示談金は江戸は七両二分、上方は五両

『御定書百箇条』では密通は親告罪で、夫が訴え出ると密通の男女ともに死罪となった。事実が明らかなら、浮気された亭主が、妻と相手の男を殺しても罪に問われないことで、私刑の黙認でもある。

大岡忠相が町奉行になった当時も姦淫罪は多く、これを法規通りの死罪にしていては手数がかかりすぎる上に、罰しても見懲《こ》らしになっていなかった。

そこで大岡は密夫から過怠金《かたいきん》として大判一枚に相当する七両二分を出させ、これで内済させるようにした。そこで夫が示談に応ずれば「間男（の代金）は七両二分」ということが諺《ことわざ》のように言われるようになった。銀使いの上方《かみがた》では「銀三〇〇匁《もんめ》」とされ、これを金に換算すれば五両になり、江戸よりも安い示談金だった。

だが、密通の手引きをした者は厳しく処罰された。仕える主人の妻にラブレターを渡してくれと頼まれ、それを行なった場合は、主人に対する反逆行為とされ重罪になった。

大岡忠相が裁いた「白子屋《しらこ》お熊《くま》事件」では、材木問屋の白子屋庄三郎《しょうざぶろう》は家運が傾いたので、二五〇両の持参金を持った又四郎《またしろう》を娘のお熊の婿にした。ところがお熊は又四郎を毛嫌いし、美男子の手代忠八《ちゅうはち》に好意を持っていた。それを知った下女のお久《ひさ》は、お熊と忠八の仲を取り持って密通させたのである。

お熊は又四郎を追い出そうとするが、持参金の二五〇両が用意できないため、下女のお菊《きく》に殺害させて、病死として取り繕《つくろ》おうと企んだ。だが、お菊は又四郎の殺害に失敗し、事件になったのである。

大岡は、お熊と忠八は密通によって、市中引き回しの上で死罪とし、忠八を獄門にかけた。お菊は主人を殺害未遂したことで死罪になるが、お久も死罪である。これは、お熊を密通の手引きをし、主人の又四郎への反逆が重視されたのである。

引き廻しにされるお熊は、髪を島田に結って薄化粧をし、黄八丈の大格子縞《こうしじま》の上着、浅葱《あさぎ》と鼠《ねず》の唐草《からくさ》模様の下着に、大杉の帯を締め、その美しさは人目を引いたという。

初期には女性への処罰は緩かった

江戸時代の女性の人格は、男より劣るとされていた。男と女が同じ罪を犯しても、女は男にしたがったとされて、軽い処罰で済んでいる。

大岡忠相が、白子屋お熊を市中引き廻しの上に死罪とした後に、将軍吉宗が「女は引き廻しにせず、死罪だけでよいだろう」としたことで『御定書百箇条』の条文から、女の引き廻し刑は削除されていた。

盗みを初犯で捕縛されると、男は「敲」にされ、軽い場合は五〇回、重敲なら一〇〇回敲かれる。だが女性には敲刑はなく、男の五〇敲に相当する刑として、五〇日間を牢内で勾留する過怠牢、一〇〇敲なら一〇〇日間の過怠牢を申し付けられた。

また女性には入墨を科すこともなく、「重敲の上入墨」という刑なら一〇〇日の過怠牢だけで済まされていた。だが、寛政元（一七八九）年には、それでは帳尻が合っていないとして、女性にも入墨を入れることになった。

寛政二（一七九〇）年に、女無宿りんが犯した盗みの再犯では、取り調べた大坂町奉行小田切直年は「男なら死罪に相当する罪だが、女の儀につき、遠島にしましょうか」と、幕閣に伺いを出した。老中から評議を命じられた評定所は、『御定書百箇条』に「女には男より軽い刑罰にすべき」とは書かれていないとして、りんを死罪にしている。

江戸の盗賊たち

鼠小僧次郎吉《ねずみこぞうじろきち》　武家屋敷で盗みを働き、義賊とされた盗賊

警戒の緩い武家屋敷に忍び込んだ鼠小僧

「○○小僧」と呼ばれる盗賊は多いが、その代表は「鼠小僧次郎吉」だろう。

鼠小僧は、武家屋敷に忍び込み、盗んだ金を貧しい裏長屋の住民に与えたとされ、封建時代の権力に抵抗した義賊とされている。

現実の次郎吉は義賊などではなく、慎《つつ》ましい生活をしていたが、捕まった時の家宅捜査ではめぼしい物は何もなく、盗んだ金は博奕と女と酒で使い果たしていたようだ。

『鼠族白状記《そぞくはくじょうき》』という自白調書では、次郎吉は寛政九（一七九七）年に、江戸中村座に勤める貞次郎《さだじろう》の子として元吉原に生まれ、俗名は中村次郎吉である。一〇歳前後で建具屋に奉公したが、一六歳の時に親元に帰った。

次郎吉は五尺に満たない小男で、鳶《とび》人足になったというから身が軽かったのだろう。二五歳のときに、博奕を覚えたことで勘当《かんどう》され、人別帳から外されている。

文政六（一八二五）年には、日本橋蛎殻《かきがら》町の土浦《つちうら》藩上屋敷に忍び込んだ時に捕まった。南町奉行所で吟味されるが、初犯と言い張って切り抜け、入墨を入れられて中追放になった。

その後、一時は上方に逃れていたが江戸に舞い戻り、博奕の資金欲しさに盗人稼業になり、盗んだ金は博奕と女に使い、四、五人の情婦を持っていたという。

次郎吉が盗みを働いたのは、ほとんどが武家屋敷だった。商家は警備が厳重で侵入しにくいが、多くの武家屋敷では人足部屋が博奕場になっており、昼間に人足部屋に行くと言えば門番は通してくれた。

武家屋敷では人足部屋と家臣の居住区や表座敷、奥向きなどは門が別で、塀や蔵などで遮《しゃ》蔽《へい》している。次郎吉は便所などに籠もって夜を待ち、塀を乗り越えて奥向きの部屋へ忍び込むのである。

大名家の奥向きでは、女中たちは給金を貯め込んで老後に備える者も多く、たいていは箪笥などにしまい込んでいるため、苦労なく盗みを働くことができたという。被害に遭《あ》った女中は、盗賊の犯行とは知らずに同僚を疑い、無実の罪を問われた女中もいたようだ。

次郎吉は幕府の江戸城の御金蔵を破ろうとはしていないが、金座には二度ほど浸入を試みたという。金座の塀を乗り越えようとしたところ、夜回りの者が来たので慌てて隠れ、夜回りが通り過ぎたので再度塀を乗り越えようとしたが、また夜回りがきたため、ついに金座の塀を乗り越えることはできなかったという。

盗んだ金は、博奕と女と酒に使い果たしていた

天保三(一八三二)年五月に、日本橋浜町《はまちょう》にある上野国小幡《おばた》藩松平忠重《まつだいらただしげ》の屋敷に忍び込んだ。屋敷内の物音を怪しんだ忠重が、屋敷内を厳重に捜索させたところ、逃げ切れずに高いところから飛び降りた次郎吉は捕まった。

武家屋敷は面子と体面を保って、盗人《ぬすっと》に入られたとは言いにくいため、被害を届けないことが多かった。松平家では、大名家が幕府に届けると手続きが面倒なことから、懇意にしている町奉行所に伝え、門前から追い払ったところで、同心の大八木七兵衛《おおやぎしちべえ》に逮捕させた。

次郎吉は、この日のあることを予測し、母親や姉妹、妻、妾にいたるまで、すべての人と縁を断っており、北町奉行の榊原忠之《さかきばらただゆき》が奉行が吟味すると、素直に自白している。与力三人と同心七人が交替で取り調べると、屋敷名や侵入経路、盗んだ金額まで詳しく白状し、一〇

年間に九五カ所の屋敷に計八三九回も侵入したというから、同じ屋敷に何度も入っているのである。盗んだ金の総額は三〇〇〇両を超えたという。

八月十九日に引廻しの上、品川の鈴ヶ森で磔、獄門になった。奉行所では、引き廻しの次郎吉に美しい着物を着せ、薄化粧をさせていた。有名になっていた次郎吉にみすぼらしい格好をさせては、見物人の反感を買うことを恐れたのだ。

次郎吉の引き廻しが日本橋三丁目辺りに差し掛かると、二人の女が立っており、次郎吉に目礼したという。これは情婦なのかどうかは分からないが、情婦たちに離縁状を渡して、女たちを連座から逃れさせていたことで、感謝した者であろうとされている。

次郎吉は人を傷つけず、金だけを盗み取り、女たちを連座から逃れさせたことが、義賊あつかいする要因にもなっているのだろう。享年三六であった。

獄門になった者の死骸は取り捨てられたため、墓があったとは考えられないが、墓は両国の回向院《えこういん》にあり、古くから墓石を削り取ってお守りにする風習がある。ギャンブラーが「賭け事に勝つ」とか、受験や就職には「スルリと入る」とされ、現在は墓前に欠き取り用の墓石が置かれている。だが、次郎吉がギャンブルに強ければ、盗賊にならなくてもよかったのではないだろうか。

日本左衛門《にほんざえもん》　芝居にもされた極悪非道の大盗賊

顔をさらして大胆に犯行を重ねる

東海道には道中御伝馬役《ごてんまやく》と呼ばれる公用飛脚のほかに、西日本地域の大名が江戸屋敷と領国の連絡を取るために、七里ごとに中継ぎ役所を置いて「七里飛脚《しちりひきゃく》」という直属の通信機関を持っていた。

紀州徳川家の七里飛脚は、江戸と和歌山を四日で走ったとされ、足軽に刀と十手を腰に差させ、竜虎や梅竹などを加賀染めにした袢纏《はんてん》を着せて、勇ましく装わせていた。彼らは御三家の威光を存分に活《い》かしたため、街道筋の鼻つまみ者でもあった。

駿河国金谷《かなや》の七里役所に勤める浜島友右衛門《はましまともえもん》の子友五郎《ともごろう》は、才気煥発の上に眉目秀麗《びもくしゅうれい》な子であったが、やがて悪の道に入っていった。親から勘当されると浜島庄兵衛を名乗って、天領と旗本領の入り混じった天竜川《てんりゅうがわ》沿いで、二〇人ほどの手下を率いて本格的な盗人稼業になり、金持ちの家ばかりを襲った。

庄兵衛は盗んだ金で貸金業をしていたこともあり、貧しい者が返済にきても受け取らないという、義賊まがいのことをしていたようだ。

この地域に代官所があったが、庄兵衛一味は代官所を上回る人数と武力を持っており、代官所では対処できなかった。近隣の一〇カ村の庄屋や年寄が連絡を取り合って、庄兵衛一味を追い詰めたが、逃走されてしまったこともある。

東海道見附《みつけ》にある七里役所の順助《じゅんすけ》は盗賊も働く者で、これと庄兵衛が連合したことで犯行は大胆になり御用金まで奪っている。庄兵衛は高張り提灯の明かりの中で堂々と素顔を晒し、床几《しょうぎ》に腰を下ろして指揮を執っていた。

旗本領内の富者が一〇〇〇両を奪われ、地頭役人に訴えたが「近頃、強盗が多いのは誰もが知っており、その方の油断でしかない」と言われる始末で、庄兵衛一味の跋扈《ばっこ》に立ち向かえる者はいなかった。

延享二（一七四五）年三月、掛川《かけがわ》の大池村の大百姓宗右衛門《そうえもん》は、息子の甚七《じんしち》に嫁をもらった祝宴を庄兵衛一味に襲われて金品を奪われ、花嫁はじめ女性たちが犯されたのである。

宗右衛門と花嫁の父三右衛門《さんえもん》は、庄兵衛一味の犯行を調べ上げ、翌年九月に江戸の北町奉行に訴え出た。綿密な調書は老中に上げられ、老中堀田正亮《ほったまさすけ》は火付盗賊改方の徳山秀栄《とくやまひでいえ》に、庄兵衛一味の捕縛を下知《げち》した。

こうした老中からの指示は「御下知物《おげちもの》」とされて、何よりも優先されるのである。徳山は手練《てだ》れの同心五人を急行させたが、幕閣から「与力と同心を追加しろ」と言われ、総勢二二人が袋井《ふくろい》宿の旅籠《はたご》に集結した。そこへ庄兵衛一味の動きを探っていた三右衛門が、庚申《こうしん》待ちの夜に見附宿で賭博を開帳することを嗅ぎつけてきた。

徳山は袋井宿の問屋場から屈強な者三〇人余りを加勢させ、賭場を急襲して一一人を捕らえ、数日後には一三人を捕縛した。だが徳山は、庄兵衛の顔を知るものを連れていないという初歩的な失敗をしており、まんまと庄兵衛に逃げられていたのである。

日本左衛門として人相書きも出された

時代劇ドラマなどでは、犯人の〝人相書き〟を容易に描かせているが、本来は人相書きは、謀反《むほん》、主殺し、親殺しという上下の秩序を乱した者や、関所破りの四大重罪に出されていた。だが盗賊の庄兵衛には、日本左衛門として人相書きを手配をしている。

その人相書きには、丈《たけ》五尺八寸ほど。歳二九歳、見かけは三一、二歳くらい。月代《さかやき》濃く、引き疵《きず》一寸五分ほどあり。目の中細く、鼻筋通り、顔は面長な方などという人相から、持ち物の特徴まで書かれている。

また、徳山は庄兵衛一味の頭格の者を逮捕しており、連日の拷問によって京の梶井宮《かじいのみや》家の家司《けいし》中村左膳《なかむらさぜん》が、庄兵衛の参謀格であることを吐かせた。庄兵衛は宮家の会符《えふ》（通行証）や提灯《ちょうちん》を使って関所を通行し、問屋場で馬や人足を出させていたのである。老中から京都所司代を通じて朝廷に交渉し、京都東町奉行が左膳を逮捕した。

日本左衛門こと庄兵衛の人相書きが出されているが、行方はしれず、捜査の網にも引っかからなかった。ところが、延享四（一七四七）年一月に、京都東町奉行所へ「お尋ねの浜島庄兵衛でござる」と自首してきたのである。

庄兵衛は伊勢の古市《ふるいち》遊郭に潜入していたが、人相書きを見て「天網《てんもう》を逃れることはできぬ。左膳が捕らえられたことは、兄貴分として堪《た》え難い」と覚悟したというのであった。

庄兵衛はただちに江戸に送られ、徳山の調べに素直に応じて罪状を認めたので、老中から「市中引き廻しの上、遠州見附宿において獄門」の指図が出された。徳山は大盗賊日本左衛門を捕らえた名火盗改とされたが、面ばゆい思いをしたことだろう。

それから一〇〇年ほど経て、歌舞伎で『青砥稿花紅彩画《あおとぞうしはなのにしきえ》』が演じられ、これは「白波五人男《しらなみごにんおとこ》」として知られている。日本左衛門は〝日本駄右衛門〟と名を変えられて「悪事はすれど非道はせず」と見得《みえ》を切り、義賊に仕立てられている。

鬼坊主清吉《おにぼうずせいきち》　セコイ荒稼ぎ犯も、人相書きで有名に

セコい犯罪だが名は知られる

泥棒は夜陰に乗して忍び込むものだが、文化年間（一八〇四～一八一八）には、白昼堂々と盗みを働く「荒稼《あらかせ》ぎ」が流行した。

往来で喧嘩を仕掛け、それに気を取られている間に、風呂敷包や紙入れ、女性の髪に挿された櫛笄《くしこうがい》など手当たり次第に盗み取るのである。

鬼坊主清吉と言われた男は、安永五（一七七六）年に牛込で生まれ、京橋の商家に奉公に出されたが、盗みで捕縛されて重敲《たたき》の刑を受け、入墨を入れられた。入墨を消して日雇いとなったが、入墨を消した罪によって捕縛され、再度入墨を入れられて江戸追放になった。

しかし清吉は、江戸から出ないままで徒党を組み、脇差しを差して堂々と往来を闊歩《かっぽ》していた。往来で人の胸を強く突き、突かれた人が驚いているところを、懐中の物を盗み取り、武家屋敷の窓格子から手を入れて衣類を盗むなど、大胆ではあるがセコい犯行を繰り返していた。

清吉は、町奉行や火付盗賊改方の懸命の捜査をかいくぐって逃れたため、人相書きが出

された。江戸を逃れていた清吉だが、文化二（一八〇五）年に京都の大仏堂前で捕縛された。清吉が江戸に護送されると、すでに人相書きなどで有名になっていた鬼坊主清吉を、一目見ようとして群衆が押し寄せたという。

北町奉行小田切直年の尋問に、鬼坊主清吉は素直に罪を認め、子分の左官粂《くめ》と入墨吉五郎《きちごろう》とともに、市中引き廻しの上で小塚原で獄門にかけられた。

安政六（一八五九）年に河竹木阿弥《かわたけもくあみ》が、江戸城の御金蔵破りと、上野寛永寺の真如院《しんにょいん》の若僧が千住の女郎と心中した事件、鬼坊主清吉の事件をミックスした『小袖曾我《こそでそが》薊色縫《あざみのいろぬい》』という芝居に仕立てて上演した。

以後の鬼坊主は鬼薊《おにあざみ》と呼ばれるが、清吉は歴史上に名を残すような大盗賊でもない。可愛気のない犯行を重ねた悪党が、芝居によって現実以上に美化されたのである。

現在は雑司ヶ谷《ぞうしがや》墓地に墓があり、悪運にあやかりたいとする人たちに人気があるとされる。選挙時期になると代議士の参拝が相次ぐようで、何とも皮肉な現象である。

藤岡藤十郎《ふじおかとうじゅうろう》と富蔵《とみぞう》　前代未聞の江戸城御金蔵破りを果たした二人

簡単に侵入できた江戸城

享保五（一七二〇）年五月に、京都二条城の御金蔵から二〇〇〇両が盗まれた。享保十六（一七三一）年の春には、大坂城の御金蔵から金が盗まれた。この二件は番方同心の犯行であった。享保二十（一七三五）年の春に、甲府城内の御金蔵から金が紛失したが、この事件は迷宮入りとなっている。

安全と思われる幕府の御金蔵から、金が盗まれる事件はあるが、厳重な警備が想像される江戸城の御金蔵に忍び込む者はいなかった。だが大金が唸っているに違いない江戸城に、盗賊を稼業とする者なら、一度は忍び込むことを考えただろう。

ところが、ペリー来航で幕府が慌てふためいている安政二（一八五五）年に、御家人くずれの浪人藤岡藤十郎《ふじおかとうじゅうろう》と、野州無宿の富蔵《とみぞう》が、江戸城の奥深くに忍び込み、御金蔵から四〇〇〇両を盗み出すという前代未聞の犯行に成功したのだ。

富蔵は以前に盗みを働き、敲刑の上に入墨をされていたが、入墨を消して御天守番頭《ばんがしら》の近《こん》藤義八郎《どうぎはちろう》の中間奉公をした後、御先手組屋敷の木戸番をして牛込払方町《はらいかた》に住んでいた。

◆藤十郎と富蔵の浸入ルート

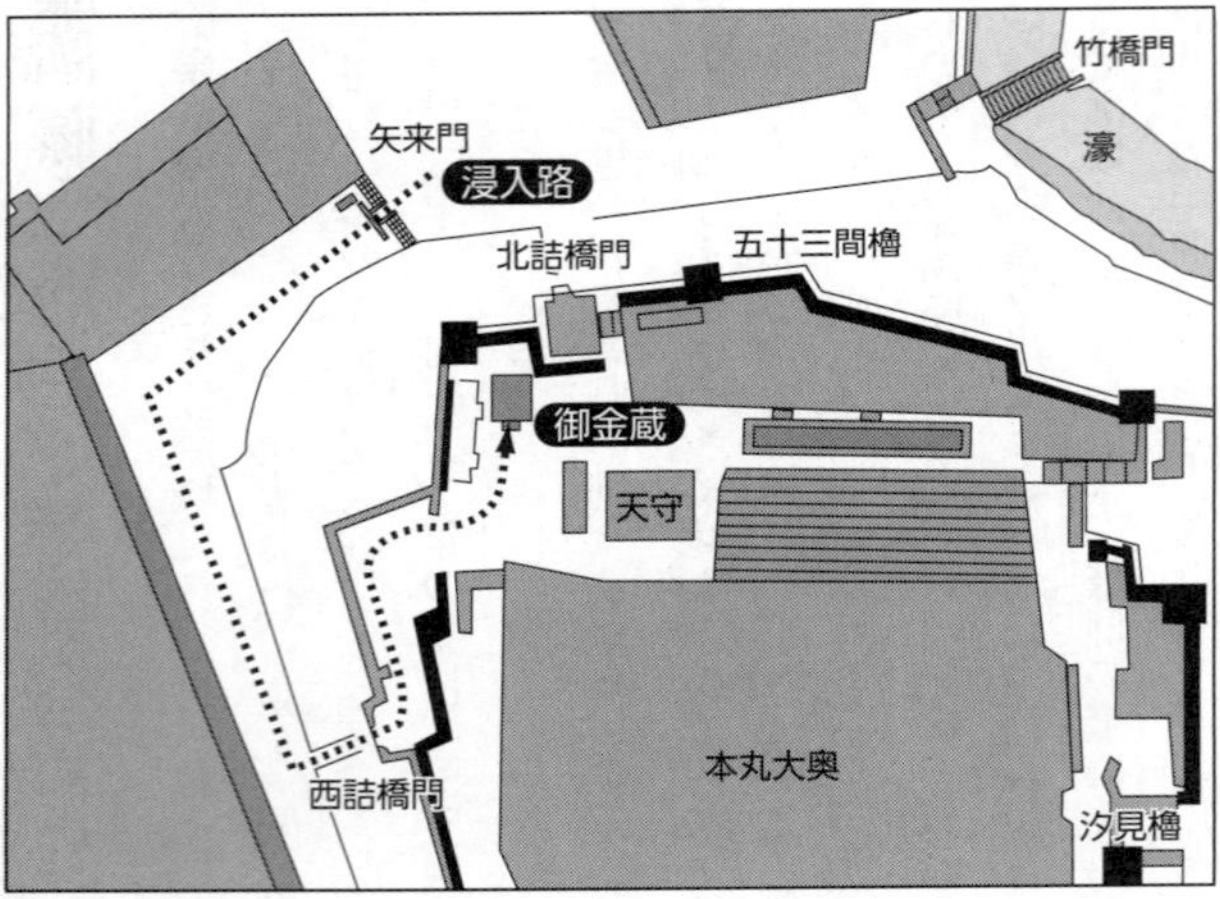

一方の藤十郎は、おでんと燗酒《かんざけ》を売り歩き、毎夜牛込御門の外で屋台を開いていた。

藤十郎は近藤家の家臣と懇意にしていた時期があり、その頃に富蔵とも知り合っていた。二人が出合うと富蔵が御金蔵に忍び入ることを提案し、藤十郎はこのような奇想天外なことが成就《じょうじゅ》するとも思えなかったが、金に困っているために了承した。

やがて富蔵は、江戸城の矢来門《やらい》を乗り越え、石垣を伝って都合六度も忍び入っている。江戸城の何カ所かある御門の警備が緩いことや、警備の交代などで隙ができる時間も調べ、御金蔵の錠前を蝋《ろう》型で写し取って帰り、藤十郎が合い鍵を作ったという。

いつものように江戸城に忍び込んだ富蔵が、

御金蔵から二千両箱を盗み出すと縄で吊り降ろし、北詰橋石垣下で待つ藤十郎が受け取った。二人は重さが二四、五キロもある二千両箱二箱を、富蔵の襦袢《じゅばん》に包んで肩に担ぎ、明け方に田安《たやす》門を出た。四〇〇〇両は藤十郎宅の床下へ瓶に入れて埋め、藤十郎は富蔵への分け前を、生活が派手にならないように注意して小出しに渡し、合計一二六五両を渡したという。

金遣いの荒さで目を付けられた藤十郎

御金蔵が破られたことを、役人たちが知ったのは三カ月後で、幕府にとって最大の汚点になるため、捜査は極秘で進められた。手掛かりは、鋳造したばかりで手摺《てず》れのない天保小判や一分金、二分金を持っている者で、最近になって急に金使いが荒くなった者である。

町奉行所は江戸市中の両替商に、盗まれた貨幣の特徴を教え「そのような貨幣を両替に来たら、尾行して住まいを突き止め、奉行所に知らせるよう」と通達した。

また、合い鍵作りが得意と思われる、錺《かざり》職人たちにも疑いの目を向け、三〇〇人ほどをリストアップして篩《ふるい》いにかけたが、手掛かりは摑めなかった。

富蔵は加賀に逃走したが、藤十郎には御用商人なる願望があり、御小人《おこびと》株を買って御三卿の田安家に入り、真面目な仕事ぶりから小人目付に進んだ。だが一年後には田安家を辞し、信濃屋治兵衛《しなのやじへえ》を名乗って、日本橋上槇町《かみまき》の借家に住み、作事方などに贈賄をして、甲府から材木を仕入れ、店には高張り提灯を掲げ、番頭や小女を雇って商人らしく装った。

事件から二年が経ち、南町奉行池田頼方《いけだよりかた》の同心村井傳大夫《むらいでんだゆう》の手の者陣十郎《じんじゅうろう》が、派手な金使いをする藤十郎が、仕事らしいこともせずに店を出していることに目を付けた。陣十郎は下っ引きに見張らせ、信濃屋治兵衛の不審な事柄を探らせた。

一方の富蔵は、金沢で下女にピカピカの小判を与え、下女がそれを使ったことから足が付き逮捕された。陣十郎は信濃屋治兵衛の不審を同心の村井に報告し、村井から与力の今泉《いまいずみ》覚左衛門《かくざえもん》に報告されて召し捕りが決まった。

安政四（一八五七）年二月、信濃屋に捕り方が踏み込むと、治兵衛は抵抗したが組み伏せられて捕縛された。信濃屋治兵衛こと藤岡藤十郎と富蔵は、五月に引廻しの上で小塚原で磔になっている。事件の詳細は知らされないが、二人が忍び入った御門の役人二七人は罰せられている。

明治十八（一八八五）年になって、河竹黙阿弥が『四千両小判梅葉《しせんりょうこばんのうめのは》』として、歌舞伎で上演した。度胸の良い富蔵と気の小さい藤十郎の対比もあり、庶民が知ることができない、当時の牢内の生活がリアルであると評判を呼んだ。

田舎《いなか》小僧と稲葉《いなば》小僧　大名屋敷ばかりを狙った似た名の二人

田舎小僧と稲葉小僧は別人だった

大名屋敷は広さに比べて人数が少なく、屋敷の警戒といっても宿直の者が詰め所に籠もって監視の目は行き届かない。

その上に、女性が住む奥と表は厳然とした境界がある。大名の奥方や女中は外部の者に対して警戒心はなく、何をどのくらい箪笥に仕舞ったということにも無頓着で、被害に気付くことも少ない。

仮に曲者《くせもの》が浸入して金が盗まれたとわかっても、大名屋敷では外聞を憚《はばか》って表沙汰になることも少なかった。武家屋敷の警備が意外にお粗末なため、盗人にとっては仕事がしやすい条件が揃っているのだ。

鼠小僧次郎吉もそうだったが、田舎小僧新助と稲葉小僧新助と呼ばれた二人は、こうした大名屋敷を狙って盗みを働いた者である。この二人は名前が似ているので同一人物とされがちだが、三田村鳶魚《みたむらえんぎょ》によれば、活動時期も近いので混同されるが、天明五（一七八五）年の時点で、田舎小僧は三六歳、稲葉小僧は二一歳としており、別人としている。

田舎小僧は武州足立郡《あだち》の百姓の子で、天明四（一七八四）年に大名小路の岡山藩邸に忍び込んだ。だが、寝所で寝ていた当主の池田治政《いけだはるまさ》に怪しまれて、追い詰められた。治政は家臣も呼ばず、自ら鉄の鞭を振るって追い回したため、新助は夜闇に紛れて木に登り、辛うじて逃げ延びたという。

翌年八月に、一橋《ひとつばし》邸に忍び込んだが、夜回りの中間に捕らえられた。北町奉行の曲渕景漸《まがりぶちかげつぐ》によって獄門と判決され、小塚原で処刑されている。

稲葉小僧は、淀藩主稲葉正諶《まさのぶ》の家来の子とされたことで稲葉小僧と呼ばれた。同じように大名屋敷に浸入しているが、盗むものは金ではなく、刀や脇差しばかりだったとされている。

何か怪しい素振りでもしていたのか、谷中《やなか》辺りで町方の定町廻り同心に捕縛された。町奉行所同心は、怪しいというだけで捕らえていたのであろう。

町奉行所に引き立てられる途中の池之端《いけのはた》で、便意を催したと同心に訴えた。同心は仕方なく、近くの茶屋の雪隠《せっちん》に入れたところ、稲葉小僧は縄抜けをして不忍池《しのばずのいけ》に飛び込んで逃走したという。その後の稲葉小僧は、上州辺りに逃れたとされ、痢病《りびょう》（赤痢《せきり》など）に罹って死亡したとされる。

悪辣《あくらつ》なことをする直参たち　とんでもないことをする旗本

旗本に罪人はいないという、幕府の建前

旗本は将軍の直臣であるから、町奉行所の与力や同心が捕らえることができない。もし旗本に役人が十手などを振り上げたなら、旗本はその者を斬り捨ててもよく、無礼として届け出れば、その役人は斬罪になった。だが五〇〇石以下の旗本は、役に就けなければ経済的に苦しく、悪いことをする旗本はそうした家禄の低い者が多いとされている。

町人と旗本の裁判になっても、町奉行所は旗本を庇《かば》う判決を出している。だがそれも度重なると評定所に持ち出され、その旗本の上司である支配に相談が行き、旗本は支配から禁足が命じられる。

それでも素行が止《や》まない者は、甲府勝手小普請として甲府に追いやられた。これは甲府勤番とも言って、役目は甲府城の守備などだが、ほとんど江戸には戻れないため「山流し」と呼ばれて、旗本から恐れられた。これによって江戸文化が甲府に移入されるという利点もあるにはあった。

泥棒や追い剝《は》ぎなどをすると問題外だが、問題を起こした旗本へは、老中の「封書御尋ね」

が評定所から直接本人に出される。この時に申し開きができないと自覚して切腹すると病死としてあつかわれ、嫡子が跡目を相続できた。そうでなければ「さらに存じ申さず」と封書請書を提出する。そうなると評定所から出頭命令が出されて吟味を受ける。

評定所では、すでに調べがついており、いくら「一向に存じ申さず」と言っても無駄で、「揚座敷へ差し遣わす」と申し渡される。

幕府に仕える武士に罪を犯す者はいないという建前から、揚座敷で吟味されても白状しなければ、「御薬頂戴」として服毒自殺を強要されるのだ。そういうことから旗本に罪人はいなかったのである。

トカゲ二匹で五〇〇両

旗本の江原銀治郎《えばらぎんじろう》は、五〇〇石取りの大番組士だが、麹町《こうじ》や飯田町の町民から乱暴な無頼者として嫌われていた。

ある日、江原はトカゲを二匹捕まえて桐の箱に入れ、紫の縮緬袱紗《ちりめんふくさ》に包み、さらにそれを鬱金木綿《うこんもめん》に包んで紐《ひも》を掛け、うやうやしく麹町《こうじ》の質屋に持ち込んだ。

江原は「これは先祖が勲功を立て、朝廷から下賜《かし》された生き龍の雌雄である。わが家に伝来する家宝だが、まとまった金が必要になったので質に入れたい」と申し入れた。

誰が聞いても胡散臭《うさん》いのだが、質屋の番頭は「中身を目で確かめねばなりません」と応じてしまった。

「それは当方ではかまわぬが、蓋を開ければ生き龍は天に飛び去るに違いない。そうなれば、この店もわが家も滅亡は免れぬ。よしたほうがよい」と江原が応じ、両者は互いの主張をしあったが、結局は質屋の番頭が中身を確認することになった。

重々しく装われた箱を開けると、トカゲはたちまち逃げていなくなってしまった。これを見た江原は「案《あん》の定《じょう》一大事になった。拙者はここで切腹するので、今後の始末は宜しく頼む」と言って脇差しを抜き、腹に突き立てようとした。

この経緯を店の奥で聞いていた質屋の主人が、あわてて飛び出した。地主や名主なども呼ばれて仲介し、江原をなだめたが、江原は聞き入れない。

ついに質屋が折れて、詐欺と分かっていながら五〇〇両で示談が成立したのである。

江原は、まんまと五〇〇両をせしめたが、その後も悪行を積み重ねたため、同類たちとともに処刑され、麹町の商人たちは安堵したという。

近藤重蔵《こんどうじゅうぞう》の息子富蔵《とみぞう》が百姓一家皆殺し

近藤重蔵は、寛政十（一七九八）年に幕府に北方調査の意見書を出し、松前蝦夷《まつまええぞ》地御用取扱となって都合四度も蝦夷地（北海道）へ赴き、択捉《エトロフ》島に「大日本恵土呂府《えとろふ》」の木柱を立てたとして知られている。

重蔵は御先手組与力の時に、第二回の学問吟味を受けて優秀な成績だったことで展望が開けたように思われた。だが上司は能力がありすぎた重蔵を警戒していた。こうしたことから重蔵は放埒《ほうらつ》な行動をするようになり、小普請入りになっていた。

当時、江戸では富士講が盛んで、本物の富士山に行けない庶民は、江戸の各地に造営された富士塚に上っていた。

下渋谷村の百姓半之助《はんのすけ》は、自分の地所内に富士塚を作ろうと思い立ったが、百姓身分では許可が下りない。そこで、知人で近藤重蔵の屋敷に出入りしている者に頼んで、重蔵に地所を提供して、近藤家の抱《かかえ》屋敷として普請を届けてもらい、屋敷内の余り土を盛り上げておきたいということで許可された。

この盛り土を富士山に見立て、目黒新富士とすると参拝者で賑わい、半之助が参詣道に蕎《そ》麦《ば》屋を開くと、これも大繁盛した。ところが重蔵は、店の繁盛は自分のお陰だとして、連日知人を招いて富士塚を見物させ、半之助の蕎麦屋で饗応《きょうおう》して一銭も支払わなかった。重蔵にすれば、名目上は自分の地所内で蕎麦屋を開いているので、当然のことである。

半之助がこれを不満とすると、重蔵は怒って蕎麦屋の座敷の前に、近藤家の垣根として大木を植え並べ、富士塚が見えないようにしてしまったのである。

客が大幅に減ってしまったので、半之助は支配代官に訴えたが、代官も旗本を相手にしては何ともならない。ところが、一年が過ぎた頃に、近藤家から訴えを取り下げれば垣根の木を取り払うという妥協案を出したので、示談がまとまった。

◆『名所江戸百景』に描かれた目黒新富士

だが、いっこうに垣根が取り払われないので、文政九（一八二九）年に、半之助が催促をすると「人手がないので、そちらで取り払ってくれ」と返答があり、半之助は「それなら明日取り払います」と断わりを入れていた。

翌日に半之助は、人夫を頼んで垣根の木を半分ほど取り払うと、重蔵の息子の富蔵が家来の高《たか》井《い》庄《しょう》五郎《ごろう》とともに飛び出してきて「わが屋敷の垣根を理不尽に取り払うとは！」と言って、半之助と人夫を抜き打ちに斬り殺してしまったのである。富蔵は幼少の頃から素行が悪かったとされ、悪仲間から「百姓など切り捨てしろ」と入れ知恵されていたようだ。

さらに富蔵は、半之助の家に入って一家を惨殺してしまい、支配方へ「抱屋敷の垣根の木を、理不尽にも百姓身分の者が掘り取りましたので、手討ちにしました」と届け出た。

いくら旗本の嫡男でも、百姓一家を皆殺しにして、ただで済むわけがない。調査すると近藤家に非があるのは明らかであった。

評定所の判断で、近藤家は改易になり、重蔵は近江国大溝《おおみぞ》藩に預けられ、富蔵は八丈島に送られ、家来の高井庄五郎も江戸十里四方追放とされた。

流人となった富蔵は、八丈島で『八丈実記《はちじょうじっき》』七二巻を著し、八丈島の百科事典と評価されている。富蔵は明治十三（一八八〇）年に、明治政府の赦免を受け、五二年ぶりに本土に戻るが、二年後には八丈島に帰り、島で生涯を終えている。

武士の無礼討ちは許されたのか

武士は江戸幕府を作り、それを支えているため、特権階級とされて名誉が重んじられた。

『御定書百箇条』には「人殺《ひとごろし》并《ならびに》疵附《きずつけ》御《お》仕《し》置《おき》之《の》事《こと》」の項目がある。ここでは、武士ならたとえ足軽であっても、身分の軽い町人や百姓から、度《ど》の過ぎた雑言《ぞうごん》や不届きな仕打ちを受けるなどして、やむを得ず斬り殺したという者は、吟味の上それに間違いなければお構いなしとしている。

だが、殺人を犯した武士が、「無礼討ち」として、そのまま現場から立ち去っていいというものではなく、武士が名誉を傷つけられるのを目撃していたという証人が必要である。

大名家の勤番侍は、国許では威張《いば》っているが、将軍からすれば陪臣《ばいしん》である。江戸っ子は将軍の民ということで、勤番侍に向かって横柄な口を利《き》く者も多く、我慢できない勤番侍が刀を抜いてしまうことが多々あったようだ。

証人がいた場合には自身番で事情を聞き、旗本の場合は目付に、藩士の場合は奉行所に届け出る。目付や町奉行が届出の通りと認めれば無罪放免となる。ちなみに「斬り捨て」とは、斬り殺すことではなく、斬っただけでトドメを刺さない。

幕末の大坂で、酔った新選組局長芹沢鴨《せりざわかも》が、露地道を譲らぬとして相撲取りを斬り捨てるという事件があった。怒った相撲部屋の力士仲間たちが、芹沢たち新選組がいる料亭に押しかけて乱闘になり、新選組の者は相撲取り数人を斬っている。

この後始末に、大坂西町奉行所に出向いた新選組局長の一人近藤勇《こんどういさみ》は、京都守護職預かりという身分で強気に出て、届け捨てにしようとした。

幕末には人権も考慮されるようになり、市中で刀を抜いただけでも町方が捕縛する口実になっていた。まして人の命を奪って、届け出だけでは済まされなくなっていたのだ。応対した大坂西町奉行所与力の内山彦次郎《うちやまひこじろう》は、殺人は重いものとして執拗に追及したため、近藤らは与力の内山を暗殺してしまったのである。

また、大名行列を横切った者は、斬り捨て御免にされても文句を言えなかったのだが、産婆と医者は許されている。登城や下城で大名行列が多い江戸では、行列の中ほどに空間を作り、人が行き来できるようにしていたという。

幕末に、子どもが大名行列の供先を横切ってしまうことがあった。子どもは侍に襟首を掴まれて引き戻された。この子が斬り捨てられても、子の親は文句を言えない状況だが、警護の武士も子どもを斬ることを嫌ったのである。

間もなく、子どもの家に大名行列の供頭がやってきて「その方の子が供先を横切った」と脅した。子の親は土間に土下座《どげざ》して謝罪し、一〇両を差し出して許されている。子の命を一〇両で買ったと思えば安いものだが、万事金で解決されていたのである。

第四章 江戸の自治

江戸の町は番所だらけ

武家地に作った辻番は辻斬り対策

江戸は政治の中心地で、全国の二七〇家ほどの大名の屋敷があり、上屋敷のほかに中屋敷や下屋敷もあるので、六〇〇〇以上の大名屋敷があった。大名や旗本、御家人たちは、いざという時にはただちに登城できるように江戸城の周辺に屋敷を持ち、江戸の地面の多くはこれらの武家屋敷が占めていた。

豊臣氏が滅び「元和偃武《げんなえんぶ》」になると、武骨一辺倒の武士は出世する機会が薄れたため鬱屈した。その上に江戸の経済活動が活発になってくると、生活に困窮するようになった。そうした不満は辻斬りとなって表われ、江戸城北の丸門前でも起こっている。

江戸の治安維持にあたる警察力が弱体なのは明らかで、それを補完するために、江戸への入口の高輪《たかなわ》と四谷《よつや》に大木戸を設けている。

元和二（一六一六）年に、四谷大木戸が設置され、甲州街道や青梅《おうめ》街道の関門として検問

◆『江戸名所図会』に描かれた四谷の大木戸

所の役目を果たした。だが、寛政四（一七九二）年には検問所機能を廃止し通行自由にしている。

高輪大木戸は宝永七（一七一〇）年に設置し、東海道筋の玄関口として不審者の監視にあたっていた。それまで芝口にあった高札場《こうさつば》も大木戸近くに移しているが、大木戸は後に廃止した。

幕府は辻斬り防止のため、寛永六（一六二九）年三月に人通りが少ない武家地に「辻番」を設置することを命じた。番人には二〇歳以下の年少者や六〇歳以上の老人、歩行の不自由な者は禁止し、屋敷の中間や小者が就き、手当は食事付きで年間三両くらいだった。

辻番は昼二人、夜四人で警備し、一刻（二時間）おきに巡回するよう定められ、菖蒲《しょうぶ》革の袴を着用して、六尺棒を立てて持ち、不審者には六尺棒を投げて足にからませて逮捕した。いろはカルタの「犬も歩けば棒に当たる」は、この警備ぶりを言ったとされる。

辻番の建物は間口《まぐち》二間《けん》に奥行き九尺で、棟高は一丈三尺の瓦葺きであった。辻番所には突く棒、刺股《さすまた》などの捕物道具と松明《たいまつ》、早縄、提灯《ちょうちん》が備えられている。

大名屋敷が並ぶ地域には、各屋敷の辻ごとに家臣が常駐する「大名辻番」が、江戸の中で二二二九カ所置かれた。小大名や旗本の屋敷が入り混じった地域では、数家が寄り合って「組合辻番」を設置し、費用は石高に応じて負担し、六六九カ所があった。

それ以外に幕府が関係施設に設けた「公儀辻番」が八七カ所あったが、公儀辻番は享保六（一七二一）年に、経費削減のため一〇カ所に減らしている。

町人地にあった自身番とは

江戸の町は京都の町割りを参考にしており、六尺五寸（約一・九七メートル）を一間《けん》とする京間を採用していた。

京間の六〇間（約一一八メートル）四方を一つの町とし、この一辺を三等分して九区画にすると、周囲の八区画は道路に面するが、中央の一区画は道路に面しないために、人目につかない空き地になる。そのためにこの場所を会所地とした。

道に面した周囲の家は土を盛って商家などになったため、一段低い会所地に排水などが流れ込み、町のゴミ捨て場になった。ここも後に新道を造って人が往来するようになると、ゴミ捨て場などは奥まった場所に移された。

江戸の町は常盤《ときわ》橋東側から作り始められ、ここが江戸の根本ということで本町とした。表通りの道幅は四丈（約一二メートル）とし、その道を挟んで向かい合った奥行き二〇間が表通りである。埋め立てなどで条件は違っても、基本的には六〇間四方を基本とした。武家地の番町《ばんちょう》でも同じである。

消費都市である江戸は、商品の流通が激しく、問屋や河岸があり、さまざまな職人も住んで物作りも盛んである。人々に楽しみを提供するサービス業も多いが、これらは狭い地域に押し込められていた。これらの町方行政を町奉行が担っていた。

◆町割り図

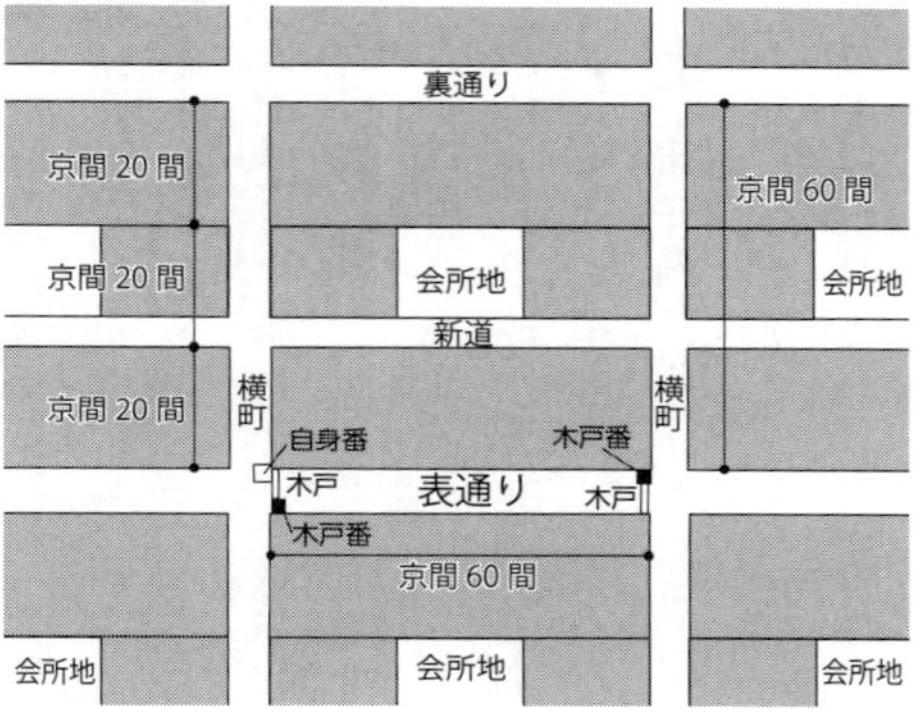

幕府が町方を管理するには、住民の一人一人を把握することはせず、村や町、株仲間などの集団組織を通じて支配している。そのような幕府の政策を可能にするほど、諸集団は自治能力を持っていた。

町人地は町役人《ちょうやくにん》が町奉行から委託されて運営していた。武家地の辻番に対して、町人地には町の自治を担う「自身番」が置かれた。

自身番は町の四つ辻の角にあり、往来に突き出した独立家屋である。これは町ごとにあったとされたが、寛政の改革以後には大伝馬町一丁目と三丁目で一カ所というように、必ずしも各町にあるものではなくなり、江戸中で約三〇〇の自身番があったとされている。

自身番制度は享保年間（一七一六～一七三七）に成立したとされ、初期には地主自身が詰めたので自身番とも番屋とも言った。その経費は町入用《ちょういりよう》で賄われ、そこには家主《やぬし》（大家）たちのほかに町費で雇われた「書役《しょやく》」という事務員が詰めており、人別帖の整理などの帳面付けや、町費の割り当てを計算したりという雑用にあたっている。

町入用は正業を持った商人などが、間口に応じて出し合ったもので、税を払わない裏長屋の住民たちは、この意味では町人とは言えない。

自身番の建物の規模は、幕府は九尺に二間と規定しているが、現実にはそれでは不便で、倍の三間に二間としたものが多かった。土間はなく畳は縁《ふち》のない琉球畳で、炉《ろ》はなく火鉢にするように指示されていた。町人たちに経済力が付くと、自身番は二階建てや大きく立派な建物になっていったが、幕府は町入用の支出を抑えさせたく、たびたび規定の大きさに戻すよう指示するが、守られなかった。

自身番の屋根の上には火の見梯子《ばしご》が立てられ、火事があると町内の火消しが梯子を登って半鐘を叩いた。表には用水桶を置き、町内の火消しの纏《まとい》や火消し組の名を入れた提灯が並べられている。

◆町内の集会所のようになっていた自身番『江戸府内絵本風俗往来』

表戸の腰障子は夜も開け放されており、一方に自身番、もう一方には○○町と町名が書かれ、表の柱に掛けられた短冊《たんざく》形の行灯《あんどん》にも自身番と○○町と書かれていた。

自身番は定番《じょうばん》という責任者を置くことになっており、これは家主から選ばれることもあるが書役が兼務していることもある。自身番は町内の自治会館のようなもので、自身番日記に町内のことは何でも記していた。

規定では家主が昼間は一人（夜は二人）と、表店《おもてだな》や裏店に地借りしている者から一人（夜は二人）が店番《たなばん》として詰め、町費で雇った番人も加わることもある。

自身番に詰めるのが家主のため、後にそれが一つの株になり、自身番の親方が預かり、店番の者が二、三人くらい詰めていたところもある。

各町には町木戸もあった

江戸では町内警備のために、町境の出入り口には町木戸を設けており、明六つ（午前六時頃）に木戸が開けられ、昼間は通行自由だが、夜四つ（午後一〇時頃）には閉められ、その後は産婆以外は通さなかった。

さらに裏長屋につながる露地の入口にも「長屋木戸」が設けられ、大家などが錠を預かっていて門の開閉をしていた。町内の者でも夜四つ過ぎに町内に入るには、大家の許可をもらって潜り戸を開けてもらわねばならない。その時に大家から「遊びすぎだ」などの小言《こごと》を言われるのを覚悟せねばならず、案外と面倒なのである。

町木戸を番するのは木戸番で、多くは自身番と道を挟んだ向かいにある、六尺と九尺の小

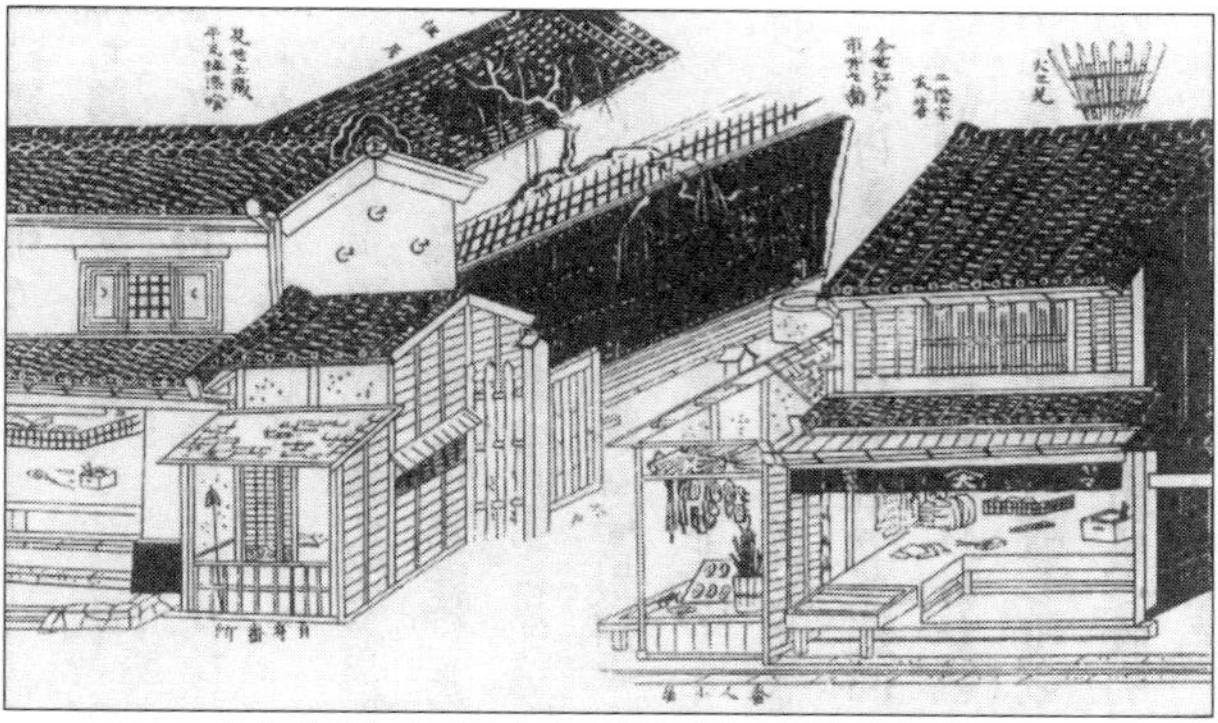

◆自身番（左）と木戸番（右）『守定謾稿』

屋である木戸番屋に住んでいた。

木戸番は町で雇われて町内の雑用をする者で、夜回りをしたり、拍子木《ひょうしぎ》を打って時を知らせて歩き、番太郎とも呼ばれてもいた。不審の者がいると誰何《すいか》し、この者が逃げ出したりすれば、拍子木を叩いて隣町の木戸番に知らせた。

木戸番には年寄りがなることが多く、報酬は年に一両か二両程度であったとされ、そのため一種の荒物屋を営むことを許され、草鞋《わらじ》、蝋燭《ろうそく》、渋団扇《しぶうちわ》、炭団《たどん》などを売り、夏には金魚を、冬には焼き芋を売って、なんとか生計を立てていた。

江戸の町は辻番、自身番、木戸番、橋番などに番人を置いて自衛していたのである。だが、それでも江戸に流れ込んでくる者を阻止できず、犯罪者や犯罪予備軍を根絶やしにはできなかった。

江戸の町を運営する町役人

町年寄は、町人の最上位の特権町人

町奉行所は、少人数で大江戸の治安維持と裁判所などの膨大な役目を果たしており、多くの部分を民間に頼らざるを得なかった。

ちなみに、武家地では番町《ばんちょう》などの例外もあるが「町」を〝まち〟と読ませ、町人地では〝ちょう〟と読ませて区別している。町年寄、町名主、家主などは町役人《ちょうやくにん》と言い、これを〝まちやくにん〟と読めば町奉行所の役人のことになる。

江戸の町には町年寄、町名主、月行事《がちぎょうじ》（家主）、家持、家主などの町役人がいて、町奉行の支配を受けていた。

江戸には、天正十八（一五九〇）年の、家康の江戸入府に付いてきた奈良屋《ならや》、樽屋《たるや》、喜多《きた》村《むら》の三家が「町年寄」として江戸町政の実務を任され、町奉行と町民を仲介した。

この三家は苗字帯刀を許され、正月三日には江戸城に登城したり、寛永寺での将軍家の法事に出席して将軍に謁見できた家柄で、世襲された。

　奈良屋の先祖は三河時代の家康に仕えていた。天正十（一五八二）年、織田信長が明智光《あけちみつ》秀《ひで》に討たれた本能寺《ほんのうじ》の変で、家康主従は伊賀《いが》越えをして逃れたが、その時に従っていた小笠《おがさ》原小太郎《わらこたろう》を先祖とし、代々市右衛門《いちえもん》を名乗り、天保五（一八三四）年には「館《たて》」という苗字を許された。

　樽屋は刈谷《かりや》城主の水野家の流れである。樽三四郎康忠《さんしろうやすただ》の父忠頼《ただより》は家康の生母於大《おだい》の方と兄妹で、康忠と家康は従兄弟である。家康にしたがって江戸に入府し、康忠の子藤左衛門忠元《とうざえもんただもと》が町年寄に就任した。寛政二年に樽の姓を名乗ることを許され、代々藤左衛門を名乗った。

樽屋は株仲間を管理し、町駕籠に焼き印を押して管理していた。

　喜多村は家康にしたがって江戸入りした武士で、初代の文五郎《ぶんごろう》が町人になり、「御馬御飼料御用」や江戸町年寄などを命じられ、喜多村の姓を許されていた。文五郎が隠居するにあたり町年寄役を加賀の金沢の町年寄から婿になった彦右衛門《ひこえもん》に譲った。代々彦右衛門または彦兵衛《ひこべえ》を名乗った。

　これらの町年寄三家の屋敷は、日本橋本町通りに面した角地にあり、表通りに面した土地は商人に貸し、奥の一部を町年寄役所としていた。これらの他に三家とも拝領屋敷を幕府から与えられ、それぞれに地代収入などが年に六〇〇両ほど入った。

しかし、江戸の町は大火に見舞われることが多く、拝領地の経営もたびたび苦境に陥《おちい》った。幕府に拝領金を願い出たこともあり、三家に五〇〇両が下賜されたことが三度あった。

江戸の町に出される「触《ふれ》」は、幕府が出す「惣触《そうぶれ》」と町奉行の権限で出される「町触《まちぶれ》」があった。町年寄は交代で月番を決めて町奉行所に出頭し、町触などを受け取り、文書の末文に「右之通り　被仰出《おおせだされ》候間　町中無洩《もれなき》様　早々可相触《あいふるべく》候」と書き足して署名した。

この触の書類を名主に渡し、名主は家主に渡す。家主はこれを自身番に掲示し、自身番の番人に町内の店子に触れて廻らせた。

本来は名主から地主に伝えるべきだが、地主は町内費用を負担するが、雇い人である家主に代行させている。

実質的に町政を委《ゆだ》ねられた町名主

江戸は急激に発展していったが、その過程の中で町政の整備が必要になった。町奉行の下に町年寄、家持、町名主、家主、書役という「町役人」を置き、江戸の町政を行なわせた。

町年寄は一種の名誉職であったため、実質的にはその下の町名主に町政を委ねている。この町名主にも格があり、家康の入府以前から江戸に住んでいた者や、家康に従って三河や遠江から移住して町支配をした者を「草創名主《くさわけ》」と呼び、初期には二七名がいた。寛永年間（一六二四〜四四）頃までに町となった三〇〇ほどの町を古町《こちょう》という。名主を「古町名主」と呼んで七九名がいた。その他に平名主《ひら》と門前名主がいた。

これらの町の自治組織では、家持ちや家主が五人組を作り、月ごとに交代で町の公用を務める者を「月行事《がちぎょうじ》」と言った。書役は町の雇い人で、公的には町役人とされていない。

江戸の町が発展し、人口が増加するにつれ、土地や家屋の売買が多くなり、種々の訴訟が増えるようになった。そこで幕府は、明暦二（一六五六）年十二月に町名主を置くように触れを出したが、直後に明暦の大火が起こった。

江戸の町は改造、再建されて市街地が拡大し、町の数が増えて九三三町になり〝江戸八百八町〟を超えた。延享二（一七四五）年から、売春宿の多い門前町も町奉行の所管になって一二一〇町になり、人口は町方だけで五〇万人を超えていた。

町名主は一人で複数の町を担当し、中には二〇町以上を受け持つ者もいたが、おおよそ住民二〇〇〇人を基準にして管理したようだ。新しい町の町割りも名主の仕事である。

家主により書き換えられた人別帖は名主に届けられ、名主は変更を人別帖に書き込み、南北町奉行所に届け出て、原本を訂正してもらった。そのため人別帖は両町奉行所と名主の手許にあり、同じ内容のものが三冊あった。

町名主は町人身分であるため、本来は玄関構えを許されないが、幕府は黙認しており、玄関のある自宅で町名主の仕事を専業で務めた。

町奉行所の触れを町年寄から受けて家主に伝達し、町入用など町内の会計や、幕府へ納める税の徴収と納入に携わり、町内の人別帳を年二回奉行所に提出した。家屋敷の売買には証文を検証し、火事には火消し人足を引きつれて出動した。

担当する町内の住民が、原告や被告となって町奉行所に呼ばれた場合は、町奉行所同心が差紙を町名主のところに届ける。町名主はそれを町役人の定番に持って行き、家主とともに町奉行所に呼ばれた住民に同行せねばならない。

町名主の給与は町入用で賄われ、寛政年間（一七八九〜一八〇一）には、二五二人の町名主に約一万三〇〇〇両が支払われていた。給与以外に不動産売買での謝礼や諸願書作成の手数料を得ていた。大伝馬町の草創名主の馬込勘解由《まごめかげゆ》は、大名貸しまでして巨利を得ていたという。

裏長屋の住民に密着していた家主

家康の入府時からの商人たちは、江戸の開発に協力し、土地を与えられて地主になり、寛政三（一七九一）年には約一万九〇〇〇人の地主がいた。

地主は町政では名主の下に属し、表通りは商人に土地だけを貸しているが、商売に向かない裏の土地には長屋などを建てて貸した。

地主は何カ所にも土地を持っているため、その土地に居住する者は少なく、人を雇って貸家を管理させた。この管理人が「家主」で大家とも家守とも差配とも呼ばれた。

町奉行所は、裏長屋に住む庶民までは把握せず、町単位で人々の状況を抑えているにすぎないため、家主が果たしていた役割は大きい。家主の実際の仕事は、町内の治安維持、警備、法令伝達などで、住民の誕生や死亡から女中の採用まで、町内住民の異動を人別帖に書き込むなど、末端の町政を一手に担っていた。

家主は、落語などでは「大家と言えば親も同然、店子《たな》と言えば子も同然」とされ、店子に厳しく接し、口喧《くちやかま》しく小言を言って家賃を徴収する爺さんである。だが、店子が賭博や岡場所での淫売、失火などの犯罪を犯せば、家主も連座して過料や押込の罰を受けるため、家主は普段から店子の相談に乗ったりして気を配らねばならなかったのだ。

また、店子が旅をするには、家主が町奉行所に関所手形を申請してやり、店子が結婚するにも家主の許可が必要だった。店子が事件に関係して町奉行所に呼び出されると、町名主とともに紋付袴姿で同道せねばならない。

町名主から受けた町触は自身番の表に貼り出すが、字の読めない者を集めて読み聞かさねばならなかった。町に諸役人が寄れば立ち会い、諸経費を計算したり、変死体が出れば駆けつけて検視をし、道の修理や火の番、夜回りの監督、火事現場に急行したり町奉行所同心から罪人を預かるなど、雑務に追いまくられていた。

このように超忙しい家主は、地主に雇われて敷地内に無料で住み、地主から家賃の五％を与えられ、店子から家賃以外に礼金、挨拶料、五節句の節句銭などを受け取った。さらに管理する裏長屋などの下肥《しもごえ》は葛西《かさい》などの百姓に売り、これが年に三〇〜四〇両になる家主もいた。また店子が使った空樽を売る権利も持っていた。

寛政三（一七九一）年には、約一万七〇〇〇人の家主が任務に就いていた。家主には家主株が必要で、株は場所により三〇両から二〇〇両以上もした。町入用から家主株の価値の二〇％を給されたが、その給与は全江戸で年間五万両にもなったとされる。町奉行所は町入用の支出を抑えさせるため、一人の家主が複数の土地を管理することを奨励している。

各町は家主をはじめ隣近所が目を光らせているので、他所者《よそ》が勝手に入ってこられるところではなく、ちょっとした事件の犯人が見つかるケースも多い。

町内の裏長屋の住民たちの生活は

家主から管理される者の多くが裏長屋に住んでいる。長屋という集合住宅の一戸あたりは間口が九尺（約二・七メートル）、奥行きが二間（約三・六メートル）の三坪が普通だった。三尺の土間があり、隅に流しと竈《かまど》が据えられ、水桶も置いてある。残りの四畳半が居間兼寝室で、畳敷きもあったが多くは板敷きに筵《むしろ》を敷いていた。押し入れはなく、夜具は畳んで衝立《ついたて》で隠し、井戸もトイレも共同である。

この長屋の店賃は、造りや場所で異なるが、文政年間（一八一八～二九）の頃で一カ月に八〇〇文《もん》から一〇〇〇文とされている。大工や左官など職人の一日の手間賃は銀で三匁から五匁とされ、銀六〇匁で一両とすると、銭にして三〇〇～五〇〇文となり、二、三日の手間賃が家賃になったと考えられる。

主食の米の値段は、標準的な相場が銭一〇〇文で一升（約一・五キロ）が買え、成人男子は一日に五合を食べたが、家族があれば副食や調味料、燃料費などが必要で、一日に三〇〇文ほどが必要だったと思われる。

酒が一升で二四八文、しじみ一升六文、大根一本八文で、衣類などは新品を買うことは無理で古着が多く、つつましく暮らせば生活は成り立ったようだ。

一日の始まりは、東の空が明るくなる明六つ（午前六時頃）で、日が沈んでまだいくらか明るい暮六つ（午後六時頃）までを昼間としたので、季節によって時間は異なった。大工などの職人仕事は、労働時間が長い夏場が忙しいのだが、職人たちは昼食時間の他に午前と午後に休憩をとり、一日平均で五時間も働かなかったようだ。

床屋には別の役割があった

床屋は町木戸の近くに店を構え、人の往来を見張っていた。たいていの床屋の亭主は、町内での年行事の公用を務めており、二階を集会所に提供していることも多かった。
町奉行所では火災に備えて、普段から重要書類を木箱に入れて運び出しやすいようにしてあったが、奉行所近くに火事があると、床屋が駆けつけて書類箱を運び出した。床屋には烙《らく》印《いん》を押した木札が、身分証明書として渡されていた
床屋は刺子《さしこ》の長袢纏に頭巾を被り、床屋の印のある提灯を持って「駆け付け！」と大声で

叫びながら、町奉行所へ突入していくのである。その声を聞くと、人々は道を開いて通したため、床屋にも痛快だったと思われる。

当時の床屋は、勇みのある職業だったのである。

町入用はこのように使われた

町名主をはじめ町役人の給与など町の運営費は、表通りに店舗を構える町人から徴収する町入用から支払った。そのため町入用が高くなれば物価に反映するため、町奉行所は無駄な出費を抑えるように指導していた。町入用は毎月集められ、多くは地所一〇〇坪につき一貫五〇〇文から二貫文前後のものであった。

将軍家斉時代の老中松平定信は、寛政三（一七九一）年に、町入用を軽減させ、店賃や地代を下げるよう町法を改正した。さらに家主の人数を減らし、小さな町では共同で自身番を持つように指導した。

こうして節約できた金額の七分（七割）を江戸町会所に積み立てる「七分積立制度」を施行した。節約金は年間に約二万二〇〇〇両あり、これを原資にして幕府御用達商人に運用させ、地主の普請には年利五％の十年完済という低金利で融資もさせた。

また、天明七（一七八七）年五月に、天災による飢饉から江戸市中で打ち壊しが起こった反省から、町会所に非常用の食糧確保に米の備蓄《びちく》を命じ、浅草向柳原《むこうやなぎはら》に社倉を設けて米籾《もみ》を蓄えさせた。福祉政策と物価安定を狙ったものである。

町会所は年々金と米籾を蓄え、病気で暮らしに困る独り者には、白米五升と銭一六〇〇文を支給し、疫病の流行時や災害時に罹災者救済に役立てた。

町会所が運用して増やされた基金は、七〇年後の幕府崩壊時には一七〇万両にもなっており、明治時代になって東京の学校開設や道路建設に活用されたのである。

第五章

火付盗賊改方

火付盗賊改方の成り立ち

新興都市の江戸に群がった盗賊たち

徳川家康は慶長五（一六〇〇）年の関ヶ原の戦いに勝利し、慶長八（一六〇三）年に征夷大将軍に任じられると、江戸には諸大名の屋敷が林立し、諸国から商人や職人が集まって、大都会となっていった。

だが、新興都市の江戸には盗賊たちも群がってきた。長い戦乱で主家が滅亡し、浪人した武士たちは、仕官を求めて江戸にきたもののままならず、〝斬り取り強盗、武士の常〟として、食わんがために悪事を働くようになる。

徳川以前の関東の主であった北条氏の遺臣たちも、江戸に集まってきたが、中でも諜報活動をしたり、敵の後方を攪乱《かくらん》する透破《すっぱ》の頭領であった風魔小太郎《ふうまこたろう》が、江戸の町を荒らし廻っていた。だが、風魔と対立関係にあった武田氏の透破の頭領向坂甚内《こうさかじんない》が、慶長八年に風魔一党の隠れ家を密告したため、風魔小太郎は捕縛されて処刑された。

その後、向坂甚内の一党が、江戸の治安を脅《おびや》かしかねない存在に成長したため、慶長十八（一六一三）年に、幕府は向坂を捕らえて市中引き廻しの上で磔《はりつけ》にした。このような透破出身の盗賊は、戦場での経験から放火して盗みを働く凶暴さであった。

徳川幕府が安定政権になると同時に、江戸の町も発展し、地方から流れてきた才覚のある者には、一攫千金《いっかくせんきん》を摑《つか》むこともできる大都市にもなった。だが多くの者はちゃんとした仕事にも就けずに困窮し、そうした者が盗みを働くために放火することも多かった。

明暦三（一六五七）年一月に発生した「明暦の大火（振袖火事）」は、江戸城の天守閣をはじめ江戸の町の大半を焼き尽くした。大火があると幕府は政府転覆を狙う政治犯の警戒を最優先するため、窃盗などの犯罪には特別の手配りをしない傾向にあった。

そういう状況を盗賊たちが知り、市中の警備が手薄になるような大混乱を起こせば、盗みを働くのに都合が良いと分かったのである。彼らは武装の盗賊団を組織し、捜査を攪乱させるため、犯行後に放火して逃走したので押し込み強盗と放火が一体になった。

幕府もそれに気付き、寛文五（一六六五）年に「盗賊改」を設置し、凶悪犯の取り締まりに専任させた。

戸田茂睡《とだもすい》という国学者の記録には「天和二（一六八二）年十一月末から翌年二月まで、毎日火事があり、昼夜に五、六度から八、九度のときもある。これらはみな付火《つけび》である」としている。

これらの盗賊には、文官の町奉行配下の者では手に負えないため、天和三（一六八三）年に武官の番方から「火付改」を設けた。元禄十五（一七〇二）年に「博奕《ばくち》改」が設けられ、享保三（一七一八）年には、盗賊改と火付改が統合されて「火付盗賊改」となり、「博奕改」は町奉行所の所管となった。

火付盗賊改方は、先手《さきて》弓頭と先手鉄砲頭という先手頭と、持弓頭と持筒頭の持頭の中から選ばれた。彼らは戦場ではまっさきに敵陣に突進する足軽部隊で、先手組などは普段は江戸城の警備や、将軍が上野の寛永寺や芝の増上寺に参詣する際の警護に携わっていた。本来の役目に新たに加えた兼任のため「加役《かやく》」とされ、若年寄の下に置かれた。

火付盗賊改方は一般的に火盗改《かとうあらため》と呼ばれているが、『武鑑』には盗賊火方改とされている。この役には三〇〇石から五〇〇石の旗本から選ばれることが多く、役高は一五〇〇石、役料四〇人扶持、役扶持二〇人扶持が付く。

池波正太郎の小説『鬼平犯科帳』では、清水門外に役宅があったとしているが、火付盗賊改方には町奉行所のような官署はなく、任じられた旗本は自分の屋敷にお白洲を作り役所としていた。

火事の多い冬期の九月から翌年三月の間は「当分加役《とうぶんかやく》」として、もう一人が選ばれ四〇人扶持が与えられ、幕末の黒船騒動などでは臨時に「増役《ましやく》」も置かれた。

幕末の文久二（一八六二）年には、先手頭の兼任から独立し、戸田正意《とだまさおき》が専任となって官署もできた。だが慶応二（一八六六）年八月に、この役職は廃された。

火付盗賊改方の任務はこうだった

先手頭が火付盗賊改方に任命されると、その部下の与力や同心たちは自動的に火付盗賊改方の役に就いた。先手方の与力は、知行二〇〇石を現米八〇石で受け取り、同心は三〇俵二人扶持で、町奉行所の与力や同心と同じだが、武官のため町方のように〝不浄役人〟と蔑《さげす》まれることはない。

先手方の支配下は、本来は与力五騎と同心三〇人だが、火付盗賊改方の頭が代わっても、犯罪捜査に熟練した与力や同心は、そのまま残された。そのため新任の火付盗賊改方の頭は与力一〇騎と同心五〇人を率いた。

火付盗賊改方のあつかう事件に民事事件はなく、刑事事件だけである。取り調べは荒っぽくて厳しく、過酷な拷問も行なったため、火付盗賊改方の屋敷に引き立てられると、生きては門を出られないと言われた。

火付盗賊改方では、町奉行と違って頭自身も市中の忍び廻りをして犯人を逮捕した。これを〝御馬先捕《おうまさきどり》〟と言う。町奉行の管轄は江戸御府内の百姓や町人に限られたが、火付盗賊改方の管轄は町奉行が手を出せない旗本や御家人から神官や僧侶にまでにおよんだ。

犯罪者を捕らえるというより、犯罪が起こらぬようにするのが建前だが、臨機応変の処置が許され、犯罪者が抵抗すればその場で斬り捨てることも許されていた。

火付盗賊改方の捜査は、やりすぎも多かった

先手鉄砲頭の中山直守《なかやまなおもり》は、天和三（一六八三）年に火付盗賊改方を拝命すると、仏壇を叩き壊して「もはや仏心は断《た》った」と宣言した。彼は管轄にこだわらずに不審と思う者を捕縛したため、無実の者が誤認逮捕されて処刑されたことも多かったと見られている。

井原西鶴《いはらさいかく》の『好色五人女』に記された八百屋《やおや》お七《しち》が、天和二（一六八二）年の大火で焼け出され、避難した正仙院《しょうせんいん》で寺小姓に恋し、小姓に会いたさに自ら小火《ぼや》を起こして捕まったのは、翌年三月とされる。この事件に中山が関わったのかは分からないが、この時期に中山は、

放火の賊を多数捕らえたとして金五枚を賜《たまわ》っている。

『御定書百箇条』が制定される前には拷問に制限はなく、中山は工夫をこらし「海老責《えびぜめ》」の拷問を考案している。この拷問に耐えられず仲間を白状した盗賊も多く、天和三年だけで五〇人も火刑（火焙り）に処している。

中山は、江戸を荒らし廻った強盗団の鶉権兵衛《うずらごんべえ》一味を捕縛した。彼らは強盗をするときに他の場所に放火して、そこに火付盗賊改方を引き付けるという知能的な犯行をしており、中山は何度も裏をかかれていた。

中山は盗賊仲間の情報を得るため、権兵衛を拷問にかけたが自白しない。だが権兵衛は、中山が考案した海老責に耐えられず自白したのである。

天和三年十月に権兵衛は鈴ヶ森で火刑になるが、市中引き廻しの途中で中山の屋敷に差し掛かると「必ず祟《たた》ってやるぞ！」と叫び、刑が執行される間も、中山の官名である勘解由《かげゆ》を唱え続けていたという。その後、中山家は不幸が続発したと噂されたが、現実は四〇〇〇石に加増されて、大目付に昇進しているのである。

貞享三年（一六八六）に火付盗賊改方に就いた中根正和《なかねまさかず》は、元禄二（一六八九）年に新吉原の遊女屋主人を博奕《ばくち》の罪で捕らえた。中根は遊女屋主人の財産を没収する闕所《けっしょ》処分にしたが、この時に遊女三人も没収財に加えて、入札によって三〇〇両で売り渡し、幕庫に入れて手柄にしていた。

ところが五代将軍綱吉は「人売りは天下の大法に触れる」と怒り、中根を八丈島への遠島に処したのである。

十一年後の元禄十三（一七〇〇）年に、将軍綱吉が父家光と兄家綱の大法要を営んだ際に、一九四人の罪人に恩赦があった。流人では一〇年以上を島で過ごした者が対象になり、中根も生きて江戸の土を踏むことができたのである。そして、四年後の宝永元（一七〇四）年には二〇〇俵を与えられて小普請組入りを許され、家名を存続できたということもあった。

火付盗賊改方は実績を上げるため、捜査では町奉行の岡っ引き同様の者を使ったが、これを「差口《さしぐち》」と言った。

享保五（一七二〇）年に那須屋仁左衛門《なすやじんざえもん》という者が、火付盗賊改方の御用を聞く者と言って町人を強請《ゆす》って歩いた。町人には何かと後ろ暗いことがあり金を出していたが、これが偽物と判明して捕まり、獄門に掛けられたという事件もある。

また、寛保三（一七四三）年に火付盗賊改方になった藤懸永直《ふじかけながなお》は、明暦の大火後から幕府は何度も頬かぶりや覆面《ふくめん》を禁じたが、洒落《しゃれ》た覆面が流行して守られなかったので、覆面の者を手当たり次第に逮捕し、江戸市民から非難されていた。

藤懸は新吉原から帰る客を待ち伏せ、池田丹波守《たんばのかみ》、安藤丹波守、大沢丹波守の〝三丹波守〟という有名な遊び仲間を発見し、その従僕を捕まえた。

藤懸の詮議によって、三丹波守は殿中の衣装を、座興で花魁《おいらん》に見せていたことが判明し、これを不謹慎として若年寄に訴えたのである。ところが、これは火付盗賊改方の職務ではないと、藤懸は解任されたという。

取り調べが過酷な火付盗賊改方だが、寛政八（一八九六）年に、火付盗賊改方を勤めた池《いけ》田政貞《だまささだ》は、裁判が巧《たく》みであったとされている。

寛政十（一七九八）年に、相模国高座《こうざ》郡の長兵衛《ちょうべえ》の妻はつと角左衛門《かくざえもん》を密通で逮捕した。池田が取り調べたところ、はつは角左衛門から「殺す」と脅されて言うままになっていたため、レイプの被害者であることが判明した。

こうした夫婦以外の男女関係は密通とされ、男女ともに死罪になるのだが、池田は「余儀なき不義」という新解釈を立てて、はつを死罪にせず「不束《ふつつか》につき急度《きっと》叱り」という軽い罪にしている。

逮捕した盗賊を解き放った火盗改同心

火付盗賊改方の行動範囲は、関八州だけでなく、かなり遠方までも出向いていた。正徳五（一七一五）年に、上野国《こうずけ》立石《たていし》村の嘉衛門《かえもん》と武蔵国《むさし》目二間《めにま》村の七郎右衛門《しちろうえもん》の二人から、越後に大盗賊の五左衛門《ござえもん》がいると、火付盗賊改方の船越景次《ふなこしかげつぐ》に知らせがあった。どうやら嘉右衛門と七郎右衛門の二人は、遠く離れた越後の情報をもたらしたことからも、火付盗賊改方の密偵であったのだろう。

五左衛門は神原《かんばら》郡の安代《やすしろ》村と戸口《とぐち》村の村境の原野で、手下を抱えて群居しているというので、船越は同心二名に出張旅費を与えて派遣した。同心にはそれぞれ二名の小者がしたがった。

越後に急行した同心たちは五左衛門一味の七名を捕縛し、これを江戸に送ろうとし、安代村と戸口村に交渉した。だが罪人を江戸まで送るには費用がかかるため、両村の者は何かと理由を構えて断わってきた。

そこで同心は、幕府直轄領の代官陣屋が戸口村に北接した茅原《ちはら》村にあったので、盗賊たちを引き立てて交渉した。だがそこでも「当代官所に無関係」と断わられた。二人の同心は出雲崎《いずもざき》の幕府代官所に向かったが、ここでも引き受けてもらえなかった。現代でいう縦割り行政の弊害である。

同心一行は出張旅費も使い果たしてしまったので、捕らえた盗賊を解き放って、江戸に帰って一部始終を船越に報告した。

幕府は越後新発田《しばた》藩溝口《みぞぐち》家に「達《たっし》」を出し、犯罪人の護送に協力させた。船越はふたたび同心二人を越後に赴かせて、盗賊一味を再逮捕させ、新発田藩が道中を警護し、盗賊一味が江戸に送られてきた。

一度は捕縛した盗賊を、召し放ちにせねばならなかった船越の怒りは盗賊たちに向けられ、五左衛門は盗賊を率いたことを自供した。だが幕府領に関わることから勘定奉行が五左衛門を取り調べると、五左衛門は以前には盗賊仲間に入っていた者だが、ある寺が夜盗に襲われたことがあり、これを五左衛門に告げると盗品が戻ってきたことがあった。

そこで両村の農民は一戸あたり米一斗と大豆二升を五左衛門に納めて、盗賊からの被害を免れていた。また、新発田藩領の一三の村も、五左衛門と契約し、村の治安を守ってもらっていたというのである。五左衛門が手下とする者も、五左衛門が身を寄せるところのない者に田畑を開墾させ、夜は村々を巡回させて警備をさせていたのである。

この事件の裁定には、将軍家継《いえつぐ》の側用人間部詮房《まなべあきふさ》から意見を求められた新井白石《あらいはくせき》が加わり、五左衛門を無罪で釈放し、これまで通り盗賊から村を守らせたのである。

長谷川宣以《はせがわのぶため》　市井を知り、火付盗賊改方で能力を発揮

若い頃は「本所の銕《てつ》」と呼ばれた無頼漢だった

池波正太郎の小説『鬼平犯科帳』によって、火付盗賊改方という役職を知った人も多いだろう。主人公の長谷川平蔵宣以は実在の人物で、池波正太郎は平蔵を〝鬼平〟としたが、平蔵は〝鬼平〟どころか「平蔵さま、平蔵さま」と庶民から慕われていたという。

平蔵は、延享三（一七四六）年に旗本長谷川宣雄《のぶお》の子として生まれ、幼名を銕三郎《てつさぶろう》とした。長谷川家の知行地は上総国の武射《むしゃ》郡と山辺《やまべ》郡の内の四〇〇石とされる。

銕三郎は妾腹《しょうふく》に生まれたように思われる。『鬼平犯科帳』で平蔵の母は、領主の屋敷に行儀見習いで奉公に上がった巣鴨《すがも》の豪農の娘としているが、これは小説的な効果を狙ったものかもしれない。

銕三郎が生まれ育ったのは築地《つきじ》湊《みなと》町だったが、彼が一九歳のときに宣雄は南本所三之橋通りに引っ越した。後に遠山景元がこの屋敷に入っている。一二八〇坪の屋敷地のほとんどを町人らに貸し、質素な生活をしたので、長谷川家の内実は裕福であった。

長谷川家の家督は宣雄の従兄弟の宣尹《のぶただ》が継いだため、宣雄は厄介という立場になっていた

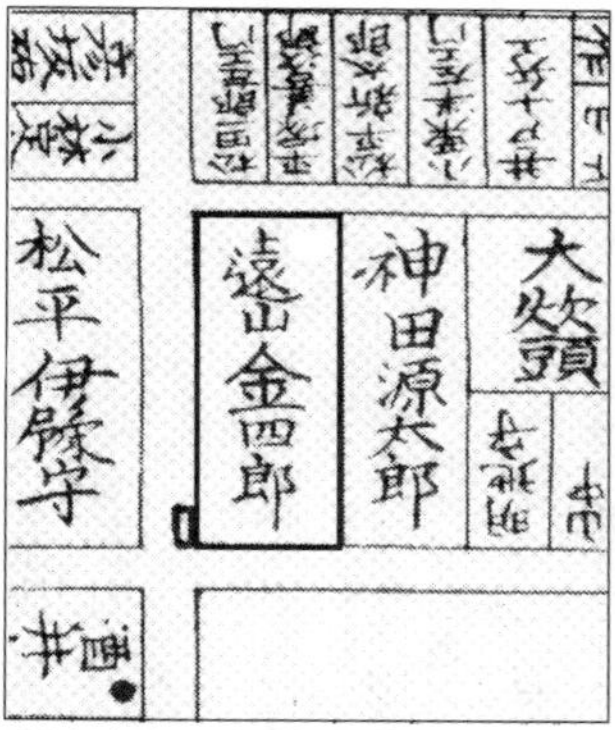

◆遠山金四郎屋敷『本所深川地図』

◆長谷川平蔵屋敷『江戸切絵図』

が、延享五（一七四八）年に宣尹が病没したため、末期養子となって長谷川家を継いでいる。

若い頃の平蔵は、悪友とつるんで遊蕩《ゆうとう》に明け暮れて父の蓄えた金銀を遣《つか》い、「本所の銕」と呼ばれて無頼《ぶらい》のようになっていた時期があった。しかし、こうした市井の事情に通じた体験が、後に火付盗賊改方となった時に生かされたようだ。

明和五（一七六八）年に、平蔵は将軍家治《いえはる》に御目見得し、長谷川家の家督相続人として正式に認知された。通常の旗本の子弟は十代半ばには御目見得をするが、二三歳の御目見得はいかにも遅すぎる。そのことから、銕三郎が遊蕩で身を持ち崩していたことが、裏付けされるのかもしれない。

間《ま》もなく旗本の大橋親英《おおはしちかひで》の娘と結婚し、明和八（一七七一）年に嫡男の宣義《のぶよし》が生まれている。同年十月に父の宣雄が火付盗賊改方の本役に任じられると、平蔵は父の用人となって実務を経験し、翌年の安永元（一七七二）年に宣雄が京都西町奉行に栄進すると、平蔵は妻子をともなって同行した。

ところが、宣雄が在職十カ月で急死したため、平蔵は江戸に帰ることになった。平蔵は見送りの与力や同心に、「後年、長谷川平蔵と呼ばれて、当世の英傑と言われるようになるので、御用で江戸にきたら必ず立ち寄るように」と暇乞《いとまご》いをしていた。後に平蔵はハッタリ屋と言われるようになるが、そうした性格は、すでに持っていたようだ。

江戸に帰った平蔵は家督を継ぎ、この時に父の通称である平蔵も継いでいる。非役の小普請組に入り、暇を持て余してふたたび放蕩生活をしていた。

だが、七カ月間待機しただけで、旗本のエリートコースとされる西の丸書院番に召し出された。西の丸書院番士は将軍世子家斉《いえなり》の護衛役という名誉な役で、平蔵の先祖長谷川正長《まさなが》が三方ヶ原の合戦で陣没したことの余慶とされる。

田沼意次《たぬまおきつぐ》に取り入った平蔵

平蔵は、翌年の安永四（一七八四）年には、西の丸進物《しんもつ》番に進んだ。これは大名などから家斉に献上された贈り物を受け取る役だが、田沼意次の金権政治が始まった頃で、賄賂がらみの進物も多く、堂々とした平蔵にうってつけの役であった。

この時期に、田沼の上神田橋内の上屋敷近くで火事があった。平蔵は欠勤の届けを出して、家臣を銘菓で知られる鈴木越後《すずきえちご》に走らせ、自身は田沼の上屋敷に向かった。

平蔵は「お屋敷は風下にあり、奥の方々は下屋敷に立ち退かれたほうがよいと存じます。私が案内いたします」と、先導して田沼の奥方や奥女中たちを蛎殻町《かきがら》の下屋敷に案内した。

田沼家の一同が下屋敷で安堵していると、鈴木越後から餅菓子が届き、夕方になると長谷川家から夜食が届いたのである。進物慣れしている田沼も、これには驚いたという。

だが、田沼の政敵松平定信《まつだいらさだのぶ》の側近水野為長《みずのためなが》から「すべて此様《かよう》なる手の廻ることは奇妙に功者に御座候よし」と報告されており、定信は平蔵を「山師」と見るようになった。

田沼に好印象を持たれた平蔵は、二の丸徒頭《かちがしら》から御先手弓頭に栄進した。この役は平河口《ひらかわぐち》門や坂下《さかした》門など五門を交替で警護し、戦時には先陣を務めるため武勇の者が選ばれるのである。ところが天明六（一八八六）年に、将軍家治《いえはる》が病死すると田沼の運命も急変し、松平定信によって政権の座を追われた。

田沼派の平蔵を登用した松平定信

老中になった定信は、幕閣や諸奉行から田沼派を一掃したが、天明七（一七八七）年九月に、田沼色が濃いはずの平蔵を、火付盗賊改方の当分加役に任じた。旗本たちは「何であいつが選ばれた……」と驚いた。

火付盗賊改方の当分加役は冬期だけの任期で、平蔵はいったんは役を解《と》かれた。天明八（一七八八）年十月には、定信が「平蔵ならば」として、堀帯刀《ほりたてわき》に代えて火付盗賊改方本役に就任させた。

このとき平蔵に悪い癖が出ている。水野為長が定信に報告した『よしの冊子《さっし》』には「加役長谷川平蔵出精相勤候。高慢することが好みにて、何もかも、おれがおれがと申し候よし。此節もおれが当春の加役か、おれが勤の方がよかったから、おれに本役を仰せ付けられたと申し候よし」と記され、城中で得意満面になって大言壮語《たいげんそうご》したというのだ。

だが火付盗賊改方に就いた平蔵は、任務には真剣に取り組んでいる。平蔵には無頼の経験から民情に明るく、悪の手口に詳しく、盗賊特有の臭いを嗅ぎ分ける直感があったようだ。

放火された焼け跡調査に出かけた平蔵は、立派な法衣の僧と武士が立ち話をしているのを見て、すぐさま二人を捕らえさせた。平蔵が「怪しい」と感じたまでだったが、調べてみると二人は名の通った大泥棒だったという。さらに外神田の商家の普請場で、屋根職人と雇い主が工事の打ち合わせをしているように見えたが、平蔵が二人を捕らえさせて調べると、大盗賊の一味の者であったということもあった。

もちろん平蔵は、大物とされた盗賊を次々と捕縛している。天明の大飢饉により米価が高騰し、江戸と関東では強盗が横行し、夜もおちおち眠れない世情であった。中でも真刀徳次郎《しんとうとくじろう》という者が大盗賊団を率いて、関東の村々で手当たり次第に夜盗を働いていた。

この一味は「御用」と書いた提灯を掲げ、街道を幕府御用の行列を装って往来し、問屋場《とんやば》では人馬を出させて盗んだ物を運ばせていた。

寛政元（一七八九）年四月に、平蔵は武州大宮《おおみや》に与力と同心を派遣し、見事に真刀徳次郎一味を一網打尽にした。

また同じ時期に、下谷《したや》で遊郭や岡場所を牛耳《ぎゅうじ》る播磨《はりま》屋吉右衛門《きちえもん》を捕らえている。吉右衛門は北町奉行所から十手を預かり、岡っ引きの中でも頭領格である。町奉行所と吉右衛門は持ちつ持たれつの関係であるため、町奉行所が吉右衛門を捕らえるなどは無理であった。

平蔵は吉右衛門の悪行を嗅ぎつけ、たびたび与力や同心を召し取りに向かわせたが、吉右衛門の子分たちが邪魔をして、お縄にすることはできなかった。

そこで平蔵自らが播磨屋に向かい、「少々聞きたいことがある。ちょっとこれへ出よ」と言うと、吉右衛門は盗賊でも放火犯でもなく、筋違いの火付盗賊改方の平蔵が訪れたので、何の疑いも持たずに出てきたところを、平蔵自らが捕縛したのである。

本来は吉右衛門を小伝馬町の牢屋敷に入れねばならないが、十手持ちの吉右衛門を牢に入れれば、たちまち囚人たちに殺されてしまう。そこで平蔵は、吉右衛門が老齢で持病もあることから、病囚や無宿の行き倒れを収容する品川の溜《たまり》に収容している。しかも吉右衛門の子分一人を看病人として付き添わせたのである。

寛政三（一七九一）年は、江戸市中に凶暴な盗賊が横行した。町家だけでなく小身で暮らし向きが良さそうな旗本などへも、抜き身を持って押し入った。幕府は盗賊を斬り捨てても構わぬとする御触を出していたが、家来が少ない小身の旗本では防ぎきれなかった。

旗本屋敷では隣家との疎通がなく、隣家に盗賊が押し入ったとわかっても知らぬふりをし、賊に入られた家では恥として被害を隠していた。

中には日雇い人足が襲われて身ぐるみを剥がれ、人足は下帯だけは勘弁してくれと頼んだが、賊は自分の古い下帯と取り替えさせた。ところが賊の残した下帯には金三分が縫い付けられていたという。間抜《まぬ》けな賊もいたものである。

同年に、平蔵は盗賊の大松五郎《だいまつごろう》を板橋で捕らえた。大松は葵《あおい》の紋を付けた提灯を掲《かか》げ、供を連れて堂々と横行したので「葵小僧」と呼ばれ、二カ月程のうちに五〇カ所以上の商家に押し入り、押し込み先では必ず婦女を陵辱するという凶悪な者であった。

葵の紋を付けた衣服を着て犯行を重ねたことは、徳川将軍の治世を冒瀆《ぼうとく》していることである。平蔵が大松を取り調べると、大松は犯した商家の妻女らのことを自慢気に口にした。本来の吟味では、被害者から口書《くちがき》を取り、犯人の供述と付き合わせるのだが、平蔵は女性に苦痛となる口書を取らず、老中に伺いを出して早々に大松を斬首させた。この事件は評定所で評議されることもなく、大松関係の調書も処分させている。

寛政六（一七九四）年に、武州鳩ヶ谷《はとがや》宿の旅籠《はたご》のよしといういい飯盛り女が、主人が枕元に置いた財布から金を盗んで逃走した。一〇両盗めば死罪になるため、平蔵は捕らえたよしが盗んだのは九両三分二朱として命を救い、五〇日の過怠牢の上に入墨としている。

平蔵の屋敷に町方の者が夜中に犯人を連れてくると、使用人を蕎麦屋《そば》に走らせ、町方の者に蕎麦を振る舞った。また、誤認逮捕した者には、その間は家職ができず妻子を養いかねたとして、自分の懐から勾留日数分の手当を渡しているのである。

平蔵は自ら江戸市中を巡回して、盗賊や無法者の動静を知り「平蔵、加役となりてよく盗賊を捜捕し、奸を摘し伏を発すること神のごとし」とされており、江戸市中での評判が悪いわけがないが、同僚たちの中には不快とする者も多かった。

同僚から疎《うと》まれる平蔵

平蔵は部下の与力に、長谷川家の紋が付いた高張《たかは》り提灯を持たせておき、出火があったときには、彼らを速やかに火事場に向かわせ、高張り提灯を立てさせた。

町民たちは「はや長谷川様が出馬せられた」と喜び、火消しも与力の下知にしたがい、火事場を狙った泥棒も働けなくなっただろう。平蔵のやり方は、褒められても良いアイデアと思うが、同僚からは単なる売名行為とされたのだ。

平蔵の後任の火付盗賊改方になる森山孝盛《もりやまたかもり》は、『自家年譜』という日記や『蜑《あま》の焼藻《たくも》の記』『賤《しず》のをだ巻』という随筆を遺しているが、そこで「彼長谷川小ざかしい性質にて、八年の間加役勤るうち、様々の計をめぐらしける」と、平蔵を手厳しく非難している。

平蔵は刑死した者の菩提《ぼだい》を弔《とむら》うために、墓塔を建てたり寺社を巡っている。この時に小銭を用意しておき、橋のたもとや寺社の門前にたむろする物貰《ものもら》いに与えていた。物貰いは周辺の情報に詳しく、時には彼らから情報を得ることもあった。また本所の屋敷では大釜で飯を炊き、賭場で負けて食いっぱぐれた者が一飯にありつくことを拒まなかった。そうなると「平蔵さまのためなら」と、闇の情報を持ってくる者もいるのである。

平蔵は火付盗賊改方として検挙率を上げたが、町奉行所での岡っ引きである差口《さしぐち》を使った結果とされる。『鬼平犯科帳』でも、平蔵は見込みのある盗賊を次々と密偵にしている。平蔵は微罪の者の罪を減免して密偵にするという、司法取引をしていたのである。

火付盗賊改方は、町奉行と比べ物にならないほど幕府からの待遇が悪く、裕福な旗本でないと務まらないとされている。平蔵の長谷川家は父の蓄財によって裕福とされていたが、平蔵は犯罪捜査などに自腹を切ったため、裕福だった長谷川家の家計は、彼らに与える手当のために火の車であった。

幕府は岡っ引きを使うことを禁じ、「裏技を使うと秩序を失い、世間に悪影響をもたらす」と非難する者もいたが、岡っ引きらは裏社会に通じており、現実に彼らのもたらす情報なくしては任務を果たすことも難しかった。

松平定信は祖父の八代将軍吉宗を崇拝し、吉宗の享保の時代に戻す寛政の改革に着手した。そこでは吉宗の隠密政策も受け継いでいる。幕臣の監察にあたる目付配下の徒目付と小人目付は、老中などの命を受けて隠密を務めることもあったが、定信は「町方掛」を新設し、江戸市中を見廻らせて情報を収集させていた。

さらに側近の水野為長が諸役人の仕事ぶりや市井の情報を集め『よしの冊子』として、定信の政務執行の一助にしている。この情報収集に使った隠密の数は、おびただしいものだったと思われる。そして定信が仕えた将軍家斉も、隠密の好きな将軍で市井のことに通じていたのだ。

人足寄場の経費を裏技で捻出した平蔵

平蔵が無宿人の更正に作った人足寄場は、初年度は幕府から運営費として米五〇〇俵と金五〇〇両が出されたが、次年度からは財政難を理由に、米三〇〇俵と金三〇〇両に削減された。平蔵は増額を訴えたが受け入れられないため、寄場に派遣する同心たちの手当は自腹を切ることもあった。

平蔵が火付盗賊改方のみならず、人足寄場の経費捻出に四苦八苦していることは、江戸市中に知れ渡っており、旗本の中からも「あれも、(栄転して) せめて大坂へでも行かずば、腰が抜けようよ」とする声もあり、庶民は「あれほどの御人に、御褒美も御加増も下されぬとは酷い仕打ちだ。だが、永く今の御役を勤めてほしいものだ」と同情していた。

当時は庶民の使う銭の相場が、金一両につき銭六二〇〇文に下落し、物価が上昇していた。米価高騰の生活苦で窮民が米穀商を襲うなどの社会不安を引き起こしていたため、銭相場を引き上げることが幕府の緊急政策になり、平蔵はそこに目を付けた。

寛政三（一七九一）年四月に、平蔵は幕府の許可を得て三〇〇〇両を預かり、それを資金として銭を買い集めた。たちまち金一両に付き銭五三〇〇文まで上がったため、手持ちの銭を売り払ってその差益を得た。

単純計算で一両について九〇〇文の差益があれば、一〇〇〇両で九〇万文（九〇〇貫文）になり、それを五三〇〇文で売り抜けば一七〇両ほどになるのだ。

平蔵は苦肉の策で、公金を利用して武士が銭相場に手を出すという、一種の禁じ手を使ったのだが、平蔵のスタンドプレー的な目立った施策は、庶民に人気があったが、それはライバルたちから嫉妬も含んだ反発を買い、非難されるものになった。

寛政元（一七八九）年に南町奉行の山村良旺《やまむらたかあきら》が、御三卿の清水家付家老に転進し、南町奉行が空席になった。世間では「町奉行は檜舞台。火盗改は乞食芝居」としており、平蔵も何かと損な役回りの火付盗賊改方から、飛躍できるチャンスが到来と思ったのだが、幕閣は京都町奉行の池田長恵《いけだながしげ》を抜擢した。

寛政三（一七九一）年に北町奉行の初鹿野信興《はじかののぶおき》が死亡した。この時には松本秀持《まつもとひでもち》や根岸鎮衛などの対抗馬がいたが、平蔵には火付盗賊改方での実績もある。平蔵自身も「町奉行はあしたものではない。おれは根から葉から吟味し、町奉行のように石を抱かせたり、拷問で白状させることはしない。自然と白状させる方法がある」と、誰よりも町奉行に相応《ふさわ》しいと思っており、後任の北町奉行になる希望を抱いていた。

『よしの冊子』では「平蔵は加役にて功を立て、是非町奉行に相成り候つもりのよし。一体の人物は宜《よろ》しからず候へども、才略は御ざ候よし」とされ、平蔵の悲願は広く知られていたが、人物が宜しからずと評価されていた。

幕閣は「町奉行は御目付を勤めぬ者はならぬ」として、大坂町奉行から小田切直年《おだぎりなおとし》を就任させたが、小田切も目付の経験はなかった。

『よしの冊子』に「総体御役人は平蔵をばにくみ候よし」としており、平蔵は火付盗賊改方で有能さを発揮し過ぎたようで、周囲の反感を買っていたのである。平蔵が町奉行のポストに就くことは遂に果たせなかった。

手腕は認められても山師とされた平蔵

平蔵は、定信が「平蔵なら」と言った言葉を支えにして、役務に私財を投入してまで精魂込めていたので、昇進の声が掛からなかった時には、「もうおれは力も抜け果てた。しかし越中殿（定信）の御詞《ことば》が涙のこぼれるほどありがたいから、それだけを力に勤めるほかに何の目当てもない」と、愚痴をこぼしたという。

ところが老中の松平定信は、人足寄場設立で江戸の無宿人が大幅に減ったことで平蔵の手腕を認めてはいるが「この人、功利をむさぼるが故に、山師などいう姦なることある由にて、人々悪《あ》しくぞいう」と平蔵の人物を嫌っていたのである。定信の日記『宇下人言《うげのひとごと》』では、平蔵のことを「長谷川何がし」などとしており、フルネームで記されることもなかったのだ。

定信は、田沼意次によって白河《しらかわ》松平家の養子に出され、次期将軍になる芽《め》を摘《つ》まれたと一方的に思い込んでいた。田沼に対する憎しみは激しく、田沼政権を倒すと、田沼の孫の意明《おきあき》に一万石を残して領地を没収し、家名だけは存続させた。

また、田沼が賄賂で蓄えた額を知っていたようで、田沼家から川浚《かわさら》えなどの名目で六万両を供出させ、田沼家の蔵を空《から》にしている。

さらに定信は、将軍家斉が大きな金魚鉢が欲しいと言えば、にべもなく拒絶するなど嫌がらせもし、腹の中では「将軍の座に座るのは俺だったはずだ」と思っていたに違いない。定信は何度も老中職の辞意を申し出て、政権にしがみついているのではないという態度を見せ、そのたびに家斉から遺留されることで、信任されているとしていた。

こうした性格の定信の言葉だけを頼りにしても、平蔵は使い捨てにされる運命でしかなかったのだろう。寛政四（一七九二）年六月、平蔵は人足寄場管理を免ぜられ、金五枚が下された。しかし庶民は「かわいそうに金五枚ばかりで誤魔化されたのでは惨《むご》い」と噂していた。

寛政五（一七九三）年七月、定信は自分に代わる者などいないと自負していたが、家斉はあっさりと定信の辞任を承認したのである。

寛政六（一七九四）年十月には、幕府は平蔵の長年の火付盗賊改方の功を賞して時服《じふく》を賜った。政権の中枢に平蔵を火付盗賊改方以上には認めない定信もいないので、平蔵の運が開けるかに見えたが、寛政七（一七九五）年四月に病に倒れてしまったのである。

平蔵は若い頃に西の丸書院番士として家斉の警護にあたっており、家斉は平蔵の危篤を聞くと病状を心配する言葉を与え、自身の常備薬を平蔵に分け与えた。平蔵は感動したに違いないが、間もなくの五月に世を去った。享年五〇であった。

人足寄場

江戸に流入した無宿《むしゅくにん》人のあつかい

江戸時代は菩提寺が管理する「宗門人別改帳《しゅうもんにんべつあらためちょう》」に記載されていることが戸籍になり、村を出て一定期間が過ぎた者や、悪行が常習になり連座を恐れた親に勘当された子などは、人別帳から除籍された。これらの人別帳から外された、戸籍のない者を無宿人という。

天明の大飢饉により、関東の村々には荒れ地が広がり、村には名主はいるが村の住民が大量に減っていた。天明六（一七八六）年の人口調査では、農村人口が一四〇万人も減少しており、これらの多くは無宿者となったり、大都市の江戸に集まってさまよい歩く輩《やから》になっていたのである。

江戸には何かと働き口もあり、雑業に就いてその日暮らしの生活を送るものもいるが、仕事のない無宿人は橋の袂《たもと》などに溜まって乞食同然になり、ここから悪行をする者が出るため社会不安を高めていた。

無宿人は犯罪予備軍だが、犯罪者ではない。だが田沼時代の安永七（一七七八）年に勘定奉行石谷清昌《いしがやきよまさ》の発案で、江戸の無宿者を捕らえて、佐渡金山の水替人足として送り込んだ。

佐渡金山での水替え人足は、常時二〇〇人ほどが必要で、地元の者を雇っていた。幕府は無宿人を佐渡に送れば、江戸の社会不安の元凶を排除でき、佐渡では低賃金で使えるので一石二鳥の名案とした。

だが、佐渡の地元では、無宿人を〝江戸の山犬〟と恐れており、佐渡奉行は、どんな悪さを働くかわからぬ者に、小屋を建て、飯を食わせて、小遣い銭を与えても満足に働けねば経費倒れになるとして、受け入れを断わってきたが、強引に押し付けていた。

その上、佐渡に送られる無宿人には、逃亡してもわかるように〝サ〟の字を入墨し、罪人あつかいをした。こうすれば、佐渡送りを恐れて更正すると考えられたのである。

当時は現在のように、犯罪者を更正させるという方法は採られてこなかったが、南町奉行牧野成賢《まきのしげかた》は、安永九（一七八〇）年に深川に作業をさせる無宿養育所を造った。

天明六（一七八六）年には、大飢饉により江戸市中で大規模な打ち壊しが起こった。これによって松平定信は田沼政権の息の根を止めたが、同時に無宿人が大量に江戸に流入したため、収容しきれなくなった養成所を廃止し、無宿人を浅草や品川の「溜《たまり》」に送った。

老中になった松平定信は、農村人口の減少で田畑が荒廃していることを重視し、農民出身の者には金銭を与えて帰農させる施策を採り、江戸出身者を伊豆の島々に送り、巾着《きんちゃく》切りを佐渡に送ったので、巾着切りは戦々恐々《せんせんきょうきょう》となった。

与力や同心が巾着切りを捕らえるには、髻《もとどり》を摑んで引き倒すのが一番としていた。ところが髻に手を掛けると、髻を残して逃走する者が増え、同心たちも「髻の根を切って逃げると は荒っぽいことをする……」と呆れていたが、巾着切りは付け髷《まげ》をして対抗していたのである。

長谷川平蔵が人足寄場の設立を引き受ける

定信は「溜」の無宿人の処置に困り、評定所で無宿人対策を諮問《しもん》したが、これという案が出ず、「安永の頃にあった養育所ができないか」と、広く幕臣に意見を聞いたところ、火付盗賊改方の長谷川平蔵が手を挙げたのである。

平蔵は百姓に向かない無宿者の更正施設を考え、寛政二（一七九〇）年に、四方を海に囲まれた佃《つくだ》島と石川島の中間にある砂州に土盛して柵を巡らし、軽犯罪で放免後に再犯の恐れのある者や、無宿者などをここに収容し、手に職を付けさせる授産所としての「人足寄場」を発足させた。

寛政二（一七九〇）年二月には、町奉行所から二二名の無宿が引き渡され、その後も続々と収容されていった。ここでも逃走は厳禁とし、見張所と役人の住まいがある。

人足部屋は初期には、間口四間（約七・二メートル）奥行三間半（約六・三メートル）の三棟を作り、後に七棟とし、病人部屋を一棟増設した。各部屋の定員は四〇名で、中央に炉が切ってあった。寄場の空き地は石や薪炭の置き場として町人に貸し、地代は入用《いりよう》に加えられた。寛政四（一七九二）年に、幕府は石川島の石川大隅守《おおすみのかみ》を屋敷替えさせ、一万六七九〇坪を人足寄場に加えた。平《ひら》人足は寝茣蓙《ござ》の上に三人に一枚あてで布団を与えられ、枕は杉材の木枕である。役付き人足は畳の上で一人で寝た。

男女ともに柿色の地に、水玉模様を白く染め抜いたものを着衣とし、寄場人足は「水玉人足」と呼ばれた。年季を経るごとに水玉の数が減らされ、三年も経てば無地の柿色になった。冬は袷《あわせ》一枚に股引《ももひき》、夏は単衣《ひとえ》一枚のお仕着せに、三尺帯、素足《すあし》に草鞋《わらじ》姿であった。役付き人足は水玉模様のない柿色無地の着衣である。

寄場人足では一日おきの入浴があり、夏場は毎日行水《ぎょうずい》を浴びさせた。彼らは三年から五年は収容され、島内では、油絞り、米搗き、紙漉《かみすき》、炭団《たどん》作り、煙草《たばこ》刻み、鍛冶、大工などの手職を与えられた。

当時、油は上方から江戸に送られていたため、少しでも江戸で自給しようと油絞りが行なわれ、幕府直営の油工場になった。炭団も紀州産の堅《かた》炭を固めたもので火持ちがよいのでよく売れた。賃金の三分の一を積み立て、島を去るときに更正資金として与えた。

だが、幕府や平蔵が目論《もくろ》んだ更正は、思うように進まなかった部分もある。無宿人を囲いの外で土運びなどをさせると「俺たちは公儀の御人足だ」と百姓たちをいじめ、竹橋の勘定所から金になる書類の反故《ほご》紙を切り裂いて持ち帰ったりしている。

人足を指揮する同心が咎《とが》めても「どんなことをしても、首が落ちるだけだ。それを恐れていられるものか」と大声で言う傍若無人の態度であった。

反故紙の紙漉で作った再生紙は「島紙」として値段が安く喜ばれたが、寄せ場人足に漉《す》かせた紙は出来が悪く、内々に町人を頼んで漉かせていた。

百姓で生計を立てたいと望む者は、常陸《ひたち》国筑波《つくば》郡に設けた上郷寄せ場に送って、三年間の農業指導をしている。ここで掟を守って努力した者には、越後や日光街道辺に六、七反の農地を与え、間口二間半、奥行き五間の家を建てて与え、酌婦や娼妓をしていた女を娶《めあ》わせて、一戸の農家としている。

開設間もない寛政二年五月には、最初の出所者一四名を社会に送り出した。以後は毎年二〇〇名を社会復帰させている。月に三日の休日には、心学者中沢道二《なかざわどうに》を招いて因果応報の理《ことわり》や忠孝を講義をさせ、〝堪忍〟することも教えている。

島の人足が外出先で口論し、顔に二カ所の疵《きず》を受けながら我慢して帰ってきた。翌日に相手が詫びてきたことで分かったのだが、我慢を実践した人足に二貫文の褒美を与えている。成績優秀の者を市中に出して油や紙を売り歩かせ、スムーズな社会復帰の方法とした。

平蔵は私財も注《つ》ぎ込んで維持していたが、寛政四年六月に人足寄場管理を免ぜられた。後役には、設立当時から監督していた徒目付から寄場奉行が選ばれた。徒目付の家禄は二〇〇俵だが二〇人扶持が付いた。

寄場奉行は若年寄支配の大工格とされたが、実際には町奉行の指揮にしたがっている。以後は人足に厳しく接し、怠惰な者や命令に従わない者を、遠島か佐渡に人足で送り、寄場内で博奕をしたり窃盗をした者や、徒党を組んだ者は死罪にした。

天保の改革では寄場に収容される者も増え、懲役的な性格が強まった。寄場の空気は荒っぽいものになって、逃亡を企てる者もいた。

安政三（一八五六）年の大地震では、人足寄場に大津波が押し寄せた。寄場奉行は牢屋奉行と同様に、静まり次第に戻るように命じ、人足を解き放って退去させている。この時、一部の者が留まって、寄場の被害防御に尽力したという。

第六章 牢屋敷

牢屋敷は刑務所ではない

江戸の牢屋奉行を世襲した石出帯刀《いしでたてわき》

牢獄は牢屋敷と言われて、当初は常盤橋《ときわ》外に設けられていたが、慶長年間（一五九六～一六一六）に、小伝馬町に移された。

元禄十六（一七〇三）年に、小石川の水戸屋敷から出火した火事は、大火となって牢屋敷も全焼した。その後、牢屋敷は二六七七坪（約八八〇〇平米）に拡張され、高さ七尺八寸（約二メートル三四センチ）の練塀を巡らせて、その周囲に堀を設けた。

家康が関東に入府した頃には、武田や北条の残党が盗賊化しており、家康は大番士の本多《ほんだ》常政《つねまさ》に、「星池《ほしいけ》」の姓を与えて盗賊狩りと牢屋奉行（囚獄）を命じた。だが本多は旧住地であった「石出」の苗字を願い出て許され、当主は代々帯刀を名乗って、石出帯刀が世襲で牢屋奉行を勤めるようになった。石出家の禄高は三〇〇俵で、牢屋奉行の役料が十人扶持付く。旗本ではなく与力格お目見え以下の格式である。

牢屋奉行の地位は、江戸中期以降になると「不浄役人」とされた町奉行所与力よりも低くなっている。幕府役人の名鑑である『武鑑』では、将軍が外出する時に尿筒《しとづつ》を支え持つ役人である「公人朝夕人《くにんちょうじゃくにん》」の、土田孫左衛門《つちだまござえもん》の次に記されているほどに低い。そのため自ら憚《はばか》って登城せず、幕臣との交際もしないようになったという。

牢屋敷は現在で言う刑務所ではない。当時の罪人は刑が確定するとただちに執行されたため、終身刑の永牢や船待ちをする遠島の者を除いては、牢に入っている者の大半を未決囚が占めており、現在の拘置所に近いものである。牢屋敷は町奉行の所管だが、寺社奉行や勘定方の容疑者も預かっている。

牢屋敷に与力はなく、鍵役を筆頭とする同心五〇名（後に五八名）と、張番《はりばん》と言われた下男《しもおとこ》三〇名（後に三八名）を配下とし、浅草の車善七《くるまぜんしち》配下と品川の松右衛門《まつえもん》配下の非人が、それぞれ十二、三人配されていた。

牢屋同心の家格は町奉行所同心と同様に一代限りの抱席《かかえせき》で、鍵役同心の俸禄は四〇俵四人扶持、平同心は二〇俵二人扶持であった。下男も原則として一代限りの採用で、給金一両二分一人扶持で、最初の定員三〇人分の味噌代として、一人宛て一日四文が支給された。

南北町奉行所から〝牢屋見廻り〟の与力各一名が、一日に一度牢屋中を廻り、その下役の同心三名は朝晩二回見廻り、そのうちの二名は交代して昼夜詰めていた。また目付から御徒目付が毎日一回見廻った。

初期の牢の造りは土蔵造りで、前面の一部だけ格子だったため、風も光も入らず囚人に苦痛を与えていたが、石出帯刀吉深《よしみ》の献言によって、天和三（一六八三）年には四方を格子に改造された。このときに「揚座敷《あがりざしき》」が建てられ、牢屋は身分によって四つのランクに分けられた。

庶民にとって恐ろしい牢屋敷が、江戸城から遠く離れない町中にあるのは、町奉行所や評定所が吟味のために囚人を呼び出したり、町奉行所与力や同心が牢屋敷に出向いて尋問をすることもあるためで、江戸の中心街から遠くに置けないのである。

牢屋敷で処刑があるときは、前日には町奉行所から牢屋奉行に知らされた。当日の朝五つ（午前八時頃）には、町奉行所から検使役人と当番年寄同心が牢屋敷に赴き、牢屋見廻り与力と牢屋奉行に出牢証文を提出する。

牢屋奉行が出牢証文を鍵役に渡すと、鍵役は切り縄を牢番に渡す。牢番は処刑者の入っている牢の外鞘《そとざや》に切り縄を掛けて、当日に処刑者のあることを知らせた。だが、朝五つに牢役人が「今日は御沙汰がないぞ」と触れて廻ると、囚人たちは一斉に「ワーッ」と喚声を上げ、その声は牢屋敷の外に聞こえたという。

牢屋奉行の越権の判断が慣例に

明暦三（一六五三）年一月に、本郷円山町《ほんごうまるやま》の本妙寺《ほんみょうじ》から出火した火は、強風に煽られてまたたく間に湯島《ゆしま》から神田に燃え広がり、日本橋一帯にまで猛火が進み、明暦の大火（振袖火事）となった。

このとき牢屋奉行の石出帯刀吉深は、猛火によって牢屋敷も囚人も焼き尽くされると判断し、一二〇人あまりの囚人を解き放ったのである。

牢屋の鍵は町奉行所にあるため、石出は牢屋同心に鍵を叩き壊させ、囚人たちに「おまえたちを焼き殺させるのは不憫に思う。どこへなりとも逃げ延び、火も静まったならば浅草の善慶寺《ぜんけいじ》に戻ってこい。戻ってきた者には、わが身に代えてでも処罰を減じ、命を救ってやる。もし行方をくらませば、雲の果てまで探し、一族すべてを成敗する」と言い渡した。

ところが浅草見附を守る番人は、牢が破られたと勘違いし、見附の門を閉めてしまったため、日本橋方面からの避難民たちも行き場を失い、浅草御門一帯だけで二万三〇〇〇人余りが命を落とす惨劇になってしまった。

この当時の町奉行は、北町奉行が石谷貞清《いしがやさだきよ》、南町奉行が神尾元勝《かんおもとかつ》で、石出は上司の町奉行の許可を得ない越権行為をしていたのである。

大火の鎮火後、石出は二人の町奉行に「切り放ち」の顚末を報告し、約束通りに善慶寺に戻った囚人の罪を一等減刑するように願い出た。

石出は厳しい処分を覚悟したが咎めはなかった。以後は牢屋敷が類焼の危機にさらされると「切り放ち」が行なわれるようになり、戻った者は減刑されることが慣例になった。

ちなみに、この明暦の大火後に江戸復興のため、各地から多くの大工や鳶《とび》職などの職人が集められた。これらの人々のために、魚や野菜などを調理し、すぐに食べられるものを販売した屋台の「煮売り屋」が発達した。煮売り屋は火を使うので火災の火元になることもあり、町奉行の大岡忠相が店舗を構えるように指導した。時代劇ドラマなどで、明暦大火以前に煮売り屋が出てくれば間違いとされる。

この罪人の「切り放ち」の慣例を逆手に取った者がいる。幕末の蘭学者高野《たかの》長英《ちょうえい》だ。

天保八（一八三七）年に、アメリカ船籍のモリソン号が日本の漂流民を送り届けようとしたのを、幕府は「異国船打払令」により砲撃した。

長英は幕府のこの対応を『戊戌《ぼじゅつ》夢物語』に著して批判した。長英は幕政を批判したことによって、天保十（一八三九）年の「蛮社《ばんしゃ》の獄《ごく》」で捕らえられ、小伝馬町の牢屋敷に収監されていた。

長英は永牢を言い渡され、牢内で囚人の医療に努めるなどで牢名主となっていたが、弘化元（一八四四）年六月に、牢で働く非人の栄蔵をそそのかして、牢に放火させたとされる。牢奉行は、囚人たちに三日以内に戻るようにと解き放ったが、長英はふたたび戻ることはなかった。

彼は蘭学の繋がりからの知人を頼って逃亡生活を続け、貧乏生活をしていた幕臣の勝麟太郎《かつりんたろう》を訪ねて庇護を求めることもしている。シーボルトの鳴滝塾《なるたきじゅく》で同門の二宮敬作《にのみやけいさく》の案内で、四国の伊予宇和島《いようわじま》藩主伊達宗城《だてむねなり》に庇護され、兵法書などの蘭学書の翻訳をしていた。

だが、しばらくして江戸に戻り、硝酸で顔を焼いて人相を変え、沢三泊《さわさんぱく》の偽名で町医者として青山百人町に潜伏し、庭に落ち葉を敷くなどして警戒していた。

長英は密告されたようで、嘉永三（一八五〇）年十月に、町奉行所の捕り方に踏み込まれた。長英は抵抗して捕り方を短刀で刺したともされるが、逃れられないと知り、喉を突いて自害したのである。

牢屋敷での囚人たちの生活

身分によって差のある牢屋

武士は「自身の罪は自身で裁ける者」という理由から切腹が許され、罪を犯した五〇〇石以上の旗本は牢に入れられず、大名家や親類に預けられた。親類に預けるということは、親類によって切腹させるという含みもあった。

牢は身分によって分かれ、五〇〇石以下の旗本や高位の神官や僧は「揚座敷《あがりざしき》」である。揚座敷は牢屋敷の隣に設けられた畳敷きの七畳の部屋で、水場と便所があり、軽罪の者の雑用係が付いた。

大名と旗本の家臣や御家人、一般の神官や僧侶と医者は「揚屋《あがりや》」に入れられた。揚屋には縁のない琉球畳が敷かれた一五畳の口《くち》揚屋が三部屋と一八畳の奥《おく》揚屋が三部屋あり、蛮社の獄での渡辺崋山も、安政の大獄の吉田松陰《よしだしょういん》もここに収容された。

揚屋に入る者は、牢屋敷の庭まで乗り物で護送された。西の口揚屋は女牢とされたが、東の口揚屋には遠島刑の囚人も、船が出るまでの間は収容されていた。

揚屋にも牢名主がいて、ツルの提出を強要した。吉田松陰はツルを持たないで入牢したため虐《いじ》められ、金を差し入れてもらったという。

一般の牢屋は長屋のように長く連なっている。中央に監視役人の当番所があり、左右に東牢と西牢に分かれている。

浪人や庶民は間口五間、奥行三間の三〇畳の大牢と、間口四間と奥行二間牢の二四畳の牢に入れられた。東牢は人別帖に記載されている者が入れられ、西牢は無宿人を入れた。安政四（一七七五）年には、勘定方支配の百姓牢が増設されている。

牢屋は外庭に面した格子の外に、外鞘と呼ばれる通路があり、番人が巡回できるようになっている。大牢には灯火がなく、牢名主など牢役人が、見張畳と呼んで畳を何枚も積み重ねているため、ほとんどの床は剝き出しの板敷きである。東牢では自前の着物の者が多いが、着物の差し入れがない者や、西牢の無宿牢の科人で着物がいたんで着れなくなった者には、水色のお仕着せが与えられた。

現代人よりも多い牢内での飯の量

牢内の食事時間は、午前八時と午後四時の一日二回で、揚座敷では一日に五合四勺の玄米を渡され、それを白米にする。お膳が付いた一汁三菜で、雑用として与えられる一日三〇文のうちから味噌《みそ》とお菜を調えた。

汁は味噌一九匁（七一・二五グラム）を二合五勺（四五〇cc）の水で溶いてあるので、かなり濃い味である。

下級武士が給される一人扶持が一日に玄米五合である。揚屋敷は身分の高い囚人とはいえ、それよりも多くの米が支給されているのである。白米に精米して一食に二合（三〇〇グラム）ほど食べており、現代人より食べる米の量が多いのに驚かされる。また麦飯ではなかった。

揚屋敷以外では、役付の者は揚屋敷と米の量は同じだが、雑用として一六文が支給される。平囚人は米四合五勺に雑用一五文。女囚には米の量が大幅に減らされている。これらは物相《もっそう》という木製の曲げ物に入れて与えられたため物相飯《めし》と呼んだ。現在でも刑務所に入れられた者は食事を物相飯といい、「臭い飯」とも呼んでいる。

現在では刑務所に入れられると、それまでの怠惰な生活が改善されて、健康になる人もいるそうだが、江戸時代の牢屋でも、ある程度は囚人の健康も考えられていた。

貞享五（一六八八）年に、幕府は囚人の健康管理に関する覚え書きを牢屋奉行に出している。それによって、初期には内鞘に大きな風呂桶を運び、沸かした湯を入れていたが、弘化年間以後には牢屋敷内に風呂場が二カ所建てられ、一月、二月、十一月、十二月には月に三度、三月、四月、九月、十月には月に四度、五月から八月には月に六度ずつ風呂に入れた。皮膚病に罹《かか》った者は、毎日風呂に入れている。

牢屋には常時四～五〇〇人の囚人が入っていたが、文化年間（一八〇四～一八一八）に一カ月間ほど、囚人が一人もいないという状況になったことがあったという。

幕府は「太平のめでたい世のしるし」として喜び、朝廷に奏上した。そうした無人の牢に賭博で入れられた男は、吟味で連れて行かれた町奉行所で、「広い場所に一人でいることが苦しく、何でも白状しますからただちに処分してください」と嘆願したという。

牢屋の中も金次第だった

犯罪の容疑のある者に、奉行所から差紙が出され、家主たち五人で組織する「五人組」と月行事の家主が、容疑者に付き添って奉行所へ出頭する。

この段階では容疑者のため、羽織袴で出頭する者もあるが、お白洲で尋問を受け「吟味中、入牢を申しつける」とされる場合もあった。

科人が当番所から鍵を開けて外鞘に入れられると、鍵役が「よく聞け、御牢内には法度の品が決められておる。金銀、刃物、火道具と書物だ。持っていたら神妙に差し出すのだぞ」

と言い聞かせ、羽織や足袋《たび》は取り上げられる。

張番（見張り番）の小役人が手縄を解き、着物を脱がせ、下帯まで取らせて、髪も解いて全身を改め、「ツルなどと言って、牢内に金子を持ち込んだりすると、後でお叱りを受けるぞ」と言うが、ツルがなければ牢内で虐められると知れ渡っていた。

男の場合は、一分金を綿にくるんで肛門に入れたり、呑み込んで数日後に排泄されるのを待ったりした。女性は陰部に隠して牢内に持ち込んだ。これは牢名主以下五番役の者が取って分けてしまうのである。牢内に持ち込まれる金子が、なぜツルと呼ばれるかは不明だが「命の蔓《つる》」という意味かもしれない。

中には親切な張番がいて、科人の持ち物の中から一朱銀や一分金などを口の中に入れてくれる場合もあったようだ。だが張番は、囚人の実家に行って金を無心する者がほとんどで、家族は金を出さなければ牢内でどうなるかも分からないために、無理して工面したという。

着物や履き物を抱えて腰をかがめて牢に入れられると、張番が「牢入りだ」と言い、どの町奉行の掛かりの、何処に住む、何をしている○○という者で、年齢は何歳と伝えると、牢名主が「へーい、おありがとうございます」と答え、獄内の留口《とめくち》は一人ずつしか入れず、そこに待ち構えた二番役がキメ板で尻を叩いて中に入れ、罪状を言わせるのである。

牢名主は牢内の者へ、「今入ってきた新入りに遺恨のある者はいないか」と聞き、隣の牢にも遺恨のある者はいないかを尋ねた。

もし牢内に新入牢の者に遺恨を持った者がいると、塩を食わせて水を飲ませないなどの制裁が加えられた。囚人から怨みを買っている岡っ引きなどが牢に入れられたりすると、褌《ふんどし》を襷《たすき》にさせ「ご馳走する」として、詰《つめ》（便所）から便をすくって椀に盛り、それを持たせて手伝いの者が無理矢理食べさせるのである。

牢内の総取締役は牢名主で、牢屋奉行から任命されるが、それ以外の役は牢名主が任命した。一番役は「角役《すみやく》」で、次が「角の隠居」で牢名主役を勤め上げて顧問になっている。二番役はお客助番としてキメ板で入牢者の尻を叩き、牢内の食事を受け取り、囚人の貴重品を預かる「五器役」がいる。三番役は牢内の病人のことを引き受ける。四番役は囚人の衣類を預かり、五番役は表からの届け物を受け付ける。牢内の役人は多彩で、牢名主以下一二人がいた。

牢内は畳敷きだが、牢役人がそれぞれ畳を取ってしまい、牢名主は畳一〇枚を積み重ねて座っている。無役の囚人は床板の上で、畳一枚あたりに七、八人も座らされ、牢内の囚人が過密になると、憎まれた者から密かに殺され、牢屋医者が検視をするが、内証で金一分を渡されるため病死と診断した。

牢内では便所の使用にやかましく、便所の係りに「○○詰《つめ》に参ります」と声を掛け、「行け」と言われるまでは行けない。縦八寸、横四寸に切った穴の前に板が付いているが、その板を汚したりすると、塩で磨かせて自分の着物で拭かせるのが、決まりになっていた。

なんと、獄中で買い物もできた

牢屋敷に入れられた者へ、親族たちからの見届け物（差し入れ）は許されている。見届け物をする場合は、まず牢屋敷の玄関番に届目録を提出する。そうすると当番の同心と張番が呼ばれて、目録と品物を確認するが、飯もただの飯は牢内で出されるから許されず、菜飯や茶飯にせねばならない。

これらは、お菜などと一緒に大きな笊《ざる》にぶちまけられ、それに十文字を書いて中に何か入っていないかを調べられ、握り飯も割って改められた。

こうして牢内の囚人に届けられるが、一人分だけを差し入れると虐めの対象になりやすい。したがって蕎麦などを差し入れる場合は、蕎麦を四斗樽に入れ、蕎麦つゆは手桶で運ばれたということもあった。品物では衣類や寝具、紙の将棋盤に駒もあったという。

牢内では見届け物の銭は、一度に二〇〇文までなら許された。この銭は誰彼なしに一緒に保管されていたようだ。

毎日四つ（午前一〇時頃）に当番の牢屋同心と張番が牢中を廻って、「今日の買い物」と触れて廻る。白木綿や針、糸、食べ物なら甘酒程度は許されたようで、新入り囚人の尻を敲くキメ板に欲しいものを書いて差し出すと買って貰えた。

内緒に金を持っている者は、張番に頼めば酒でも菓子でも買えたようだが、すべて一分という料金で、二〇〇文ほどのものが手に入った。

裕福な者は病囚にしてもらった

牢屋敷は、未決の者や、既決の者が刑を執行されるまでの間に入れられる現在の拘置所であるため、長くとも半年くらいしか入っていない。

また牢屋敷には医師もいて薬煎所もあるが、重病人の中で容疑が軽いと見込まれれば、仮保釈の宿預けとされるか溜《たまり》預けにされた。

浅草溜は、新吉原の裏の田んぼの中にあり、非人頭車善七《くるまぜんしち》が宰領し、町奉行所や火付盗賊改方から行き倒れの者などを預かっていたが、元禄二（一六八九）年に九〇〇坪が下附され、一之溜、二之溜、女溜も調《ととの》えられ、町医師が毎朝一回来診した。品川溜は五二三坪を下附され、二階建ての収容所が一棟あった。町医師が毎日二回の回診をした。

溜預けは牢の延長であるが、衛生面や生活環境は雲泥の差で、昼間は庭の散歩が許され、月に六度の入浴ができ、冬は焚き火にあたることもできた。湯や茶、煙草を望めば与えられ、琉球畳の上に寝かされ、夜通し行灯《あんどん》が灯り、寒中には夜間に粥《かゆ》が支給された。

牢屋敷に収容された者の中には、溜預けになりたいために、大量に塩を飲んだり、絶食して重病人を装う者もいた。富裕な者は、石出帯刀や牢屋附医師へ手を回して溜預けにしてもらったり、町人でも揚屋入りにしてもらったりしたようだ。

病人は牢屋敷から畚《もっこ》に乗せられて青竹の棒で担がれ、重病人は長持ちのようなものに莫蓙《ござ》を敷いた〝おだて〟に入れて溜に運ばれた。「おだてと畚には乗らない」という諺《ことわざ》は、ここから出たものとされている。

宝永七（一七一〇）年以降には、寺社奉行と勘定奉行の掛かりの病因も預かるようになり、幕末には浅草溜に三七〇人、品川溜に二〇〇人が収容されている。

第七章

関東取締出役・代官

関東取締出役《かんとうとりしまりしゅつやく》

無宿人の横行で関東取締出役を創設

草創期の幕府は、家康が「百姓は生かさぬよう、殺さぬよう」として、年貢を厳しく徴収したが、幕政が安定すると諸藩の手本になるように「四公六民」と税率を軽くしていた。だが、延宝五（一六七七）年には、実質の収税率は二割八分九厘にまで落ち込み、八代将軍吉宗の享保の改革へとなっていく。

武蔵、相模、上野、下野、常陸、上総、下総、安房という関八州の幕府領の百姓は、軽い税率の上に、現金収入を求めて農地に桑《くわ》を植えて蚕《かいこ》を飼い、糸を紡《つむ》いで布を織り、豊かになっていった。

豊かになった農村には、家を継げない百姓の二、三男で遊び人仲間に入る者などは、親から勘当されて無宿者になったが、親が勘当しないでも村役人が品行の悪い者を、人別帳から外すこともあった。またその予備軍には人別帳に札を付けたので、ここから〝札付き〟という言葉が生まれている。やがて江戸や在所を追放された無宿者、浪人などが農村に入り込み、百姓を賭博に誘って巻き上げることも多くなっていた。

明和四（一七六七）年に、幕府老中は「関八州と甲州に博徒がはびこり、賭博に誘われた百姓は、百姓仕事を疎《おろそ》かにするするばかりか、すべてを博徒に巻き上げられて、村を逃散《ちょうさん》する者も多い。これを放置すれば田畑は荒れて村は疲弊《ひへい》し、年貢の取り立てに支障を来《きた》すことは必定である。よって素行不良の者、賭博常習の者、身分不相応な身なりをしている者を、即刻捕らえて取り調べること」という主旨の通達を勘定奉行に出していた。

勘定奉行は、これを関八州の代官に通達するが、関八州の幕府領に代官の陣屋は上野の岩《いわ》鼻《はな》と下野の真岡《もおか》にしかなく、それ以外の代官は江戸の屋敷で事務を執り、現地には手付や手代を駐在させているだけである。

さらに代官の主務は徴税であるため、警察業務はおろそかになり効果は出なかった。また関八州は幕府領と大名領、旗本領などが入りくんでおり、旗本領で犯罪を犯した者が大名領に逃げ込めば、犯人引き渡し手続きに時間がかかり、結局は取り逃がしてしまうという立地条件である。

そこで、関八州で御三家の水戸家領以外の天領や大名領、寺社領、旗本領を問わずに踏み込んで、犯罪者を捕縛する役目の者が必要になったのである。

文化二（一八〇五）年に、江戸住まいの代官である早川正紀《はやかわまさとし》、榊原小兵《さかきばらこへい》、山口鉄五郎《やまぐちてつごろう》、吉《よし》川栄右衛門《かわえいえもん》の四人は、支配下の手付や手代から二人ずつを選び、「関東取締出役」とした。したがって関東取締出役は勘定奉行公事方の所管だが、たった八名で広大な関八州を巡邏《じゅんら》したのである。

関東取締出役が犯罪者を捕縛すると、その村の出費で犯罪者を江戸に送っていたので、村の負担は大きいため、村では密かに犯罪者に小銭を与えて立ち退かせることもあった。

そこで、文政十（一八二七）年に、三～五カ村を小組合とし、それを一〇ほどまとめて取締組合を作らせて治安維持に当たらせた。同時に罪人護送の費用を組合持ちとし、村の負担を軽減させた。

犯罪者が江戸に逃げ込んだ場合は、関東取締出役の管轄外となるため、町奉行所に届け出て町奉行が捕縛した。

関東取締出役の配下にいた、二足の草鞋

関東取締出役になる代官の手付は御家人で、代官から勘定奉行に伺いを出し、非職の小普請組の中から選ばれた。手代は代官雇いの農家の二、三男だが、代官が勘定奉行に誓願すると、新規お抱えの手付になることもできた。

関東取締出役の報酬は、年に一〇〜二〇両、二〜三人扶持と、巡回の日当二六〇〜二七〇文が支給され、巡回先での諸費用は村の組合持ちとされ、一年のほとんどを出役で巡回しており、正月だけは江戸の御用屋敷に帰った。

巡回先では、素人博奕をした者に百敲《たたき》以下の罰を与えることや、カルタ博奕でも五十敲以下の罰は即決して処した。重罪の者や無宿者は有無《うむ》を言わさず取り押さえて江戸に送り、抵抗する者は討ち捨てることも許されていた。関東取締出役は巡回先では「八州さま」と呼ばれ、無法者から恐れられる存在であった。

彼らは紫や浅葱《あさぎ》色の房が付いた銀鍍金《メッキ》された十手を持っていた。巡回には臨時に雇った足軽が二名、赤房の十手を持つ小者一名を従え、現地では道案内人が同道する。道案内は、その地域に詳しい村役人や身元の確かな百姓があたるが、中にはかなりいかがわしい地域の〝顔役〟が選ばれることもあった。

顔役の多くは博徒の親分の顔も持っていたため、博徒が十手を持つ「二足の草鞋」とされ、都合の悪いときには、黙認された柄《つか》に籐《とう》を巻いた十手をちらつかせて、お上の威光をひけらかしたため、博徒仲間からも疎まれている。

『天保水滸伝《てんぽうすいこでん》』で、笹川繁蔵《ささがわのしげぞう》と対決した飯岡助五郎《いいおかのすけごろう》は二足の草鞋である。また、上野国一帯を縄張りにした侠客博徒の大親分国定忠治《くにさだちゅうじ》は、子分の板割浅太郎《いたわりのあさたろう》に叔父の三室勘助《みむろのかんすけ》が忠治を密告したと殺害させているが、この勘助も関東取締出役の道案内であった。

国定忠治は、映画や演劇では天保の大飢饉で農民を救済した大侠客と描かれて人気があるが、敵対する島村伊三郎《しまむらいさぶろう》を殺害し、捕縛された子分の三木文蔵《みつきのぶんぞう》奪還を企む大胆さである。忠治の持つ組織は強力で、名主や道案内ばかりか関東取締出役までも買収していた。

天保十（一八三九）年に、勘定奉行は関東取締出役で不正のあった者を一新して体制を強化し、忠治は信州街道の大戸《おおど》の関所破りをして逃れている。

弘化三（一八四六）年には、上州に帰って潜伏したが中風《ちゅうぶう》を患い、嘉永三（一八四九）年に田部井《たべい》村の名主に匿《かくま》われていたが、関東取締出役が踏み込んで逮捕した。

関東取締出役には、上級武士にしか許されない駕籠に乗って村を巡回するなど、農村から反発を持たれた者もいたため、忠治は匿われて一六年近くも追手から逃れることができている。忠治は江戸に送られ、勘定奉行池田頼方《いけだよりかた》の取り調べを受けた。多くの罪状の中で最重罪の関所破りの罪で、大戸関に送られて磔に処されている。享年四一と若かった。

関東取締出役を主人公にした小説には、佐藤雅美の『八州廻り桑山十兵衛』シリーズがある。

代官

悪代官はいたのか？

全国で四〇〇万石におよぶ幕府の直轄領は、延享元（一七四四）年には四六三万石に達している。これらの直轄領を支配するのは、遠国奉行の支配地を除いた大半は、勘定奉行支配下の郡代や代官たちで、彼らは地域性も考慮した民政を展開していた。

代官は地方行政の担当者で、その主な仕事は租税の徴収であるが、領民の紛争和解や訴訟など、町奉行に似たこともしている。江戸では府内は町奉行、府外は勘定奉行の所管で警察権も行使した。

幕政の初期には、幕府は各地の土豪を代官にしたため、土地の者と癒着して不正を働いたので、土豪的代官を一掃し中央から代官を派遣するようになった。時代劇映画やドラマでは悪代官が、悪徳商人と結託して「そちも悪よのう」と薄ら笑いをするのが定番で、代官は悪い者というイメージが定着している。

延宝八（一六八〇）年に、幕府は農民と直接に触れ合っている代官に対し「民は国の本《もと》なり、御代官の面々、常に民の辛苦をよく察し、飢饉などの愁《うれ》いがないようにすること」と通達しているように、財政の基礎になる農民に気遣いしていた。

享保の改革で幕府の財政再建を推進する将軍吉宗は、農民の田中丘愚《たなかきゅうぐ》が、代官による年貢の早納《はやおさめ》や助郷《すけごう》役の強要、高利貸し付けが農民を苦しめていると述べていることを知り、吉宗は田中を罰するのではなく、相模国代官に抜擢した。

宝永五（一七〇八）年の富士山の大噴火によって、相模国酒匂川《さかわがわ》の流水が変わって決壊し、多くの田畑が流失したとき、田中は治水の堤防を考案して築き、流域の村々をその後の水害から救っている。

だが、享保の改革が終盤にさしかかった時期の勘定奉行神尾春央《かんおはるひで》は、積極的に財政再建に取り組むあまり「胡麻《ごま》の油と百姓は、絞れば絞るほど出ずるもの也」と暴言を吐いて百姓から恨まれている。これが施政者である武士の本音であったのだろう。

江戸時代を通じて米中心の経済から抜け出せなかったため、農民たちは徹底して徴税されていた。だが幕府領は諸大名の手本になるように、基本的に四公六民の税率を通したが、実際にはこの税率で徴税されることはなく、常に下回っていた。

だが江戸の裏長屋に住む者たちが、税を払った様子はなく、農民は厳しく年貢を徴収され、生活や衣服を質素にすることを強要されるなど、割を食っている感が強いのは否めない。

寛政の改革で登場した名代官

幕府の直轄地を支配する代官は、常に四〇人くらいがいて、それぞれ五万石程度の幕府領を管理していた。代官の下には元締、手代、書役、侍、足軽、中間《ちゅうげん》など三〇人ほどいる。年貢の納入や江戸への回送、新田開発や治水工事、村内の秩序の維持など、多くの部分を農民に負っており、代官所の機構だけでは、農村を荒らす盗賊団や博徒に対して、警察権を発動することまではできなかった。

松平定信が寛政の改革で、重農主義を押し出して治世したことに応えて、献身的に農民に接する代官が増え、名代官が登場するようになった。

北関東の農村では、度重なる天災で疲弊が激しく人口が流出していた。竹垣直温《たけがきなおひろ》は、寛政九（一七九七）年に真岡陣屋と上郷陣屋を設置し、竹垣自身が半月ごとに陣屋を往復して民政の刷新を図った。

竹垣は人口と耕地の回復を重視して間引きを禁じ、小児養育金を支給し、入百姓の導入、作付奨励、奉公人の引戻し、肥料購入の支援などの勧農策を採った。さらに旧支配地の越後から食料や農具などの諸道具を与えて農夫を呼び寄せ、開墾をさせている。

早川正紀は、出羽国尾花沢《おばなざわ》、美作国《みまさか》久世《くぜ》、備中国笠岡《かさおか》、武蔵国久喜《くき》などで代官を歴任した。

美作国久世や備中国笠岡では農村を巡回し、経済的・精神的に荒廃した状況を復興させるため倹約を奨励し、赤子の間引き禁止を説いた。

さらに『久世条教《くぜじょうきょう》』を出版して農民を教育し、地域産業の振興にも努めた。早川が武蔵国久喜に転任する際には、領民から幕府に早川の留任願が四度も出されるほど、広く民衆に慕われた名代官であった。

異色の代官・江川英龍《えがわひでたつ》

江戸時代の後期の農政は、飢饉や凶作から農村を復興させ、農民に農業経営の再建と維持をさせることが課題であった。そのため昇進や役得を狙うような不良代官は免職された。代官が同じ支配地で長期間赴任すれば、有力農民と結託することがあり、短期間で交替させられていたが、代官の筆頭である関東郡代の伊奈氏や伊豆の江川氏、近江信楽《しがらき》の多羅尾《たらお》氏、宇治の上林《かんばやし》氏など一部の代官は世襲されていた。

中でも江川氏三十六代の伊豆韮山《にらやま》の代官江川英龍は、幕末に幕府直轄領八万石を管理するだけでなく、多彩な活躍をしたことで知られている。

英龍は、世界情勢に通じた開明派の地方官僚で、本来の代官という職能を超え、水戸の徳川斉昭《なりあき》や薩摩の島津斉彬《なりあきら》などから、内外の政局について意見を求められている。渡辺崋山とも親交があり、蘭学研究グループの「尚歯会《しょうしかい》」メンバーでもあった。また剣術で同門の斎藤《さいとう》弥九郎《やくろう》を代官所手代に登用して、道場経営を支援していた。

英龍は高島秋帆《たかしましゅうはん》から新砲術の技術を習得し、農兵論を主張した、英龍の門人には佐久間《さくま》象山《しょうざん》や橋本左内《はしもとさない》、斎藤弥九郎の道場「練兵館」で塾頭を務める桂小五郎《かつらこごろう》などもいた。英龍が海防掛に任じられると、アメリカ帰りの中浜万次郎《なかはままんじろう》（ジョン万次郎）を秘書役にしている。

英龍は品川の御台場（砲台）を築造し、伊豆韮山に反射炉の建設に着工したが、その工事半ばの安政二（一八五五）年に病没した。

英龍のその他の功績として、号令の翻訳、雷管の製造、兵糧としてのパンの製造、戸田《へた》での洋式造船、日米和親条約の立案にあたったなどがあり、一般の代官とはまったく異なったものであった。

【参考文献】

山本博文『鬼平と出世』講談社現代新書／山本博文『江戸の金・女・出世』角川ソフィア文庫／山本博文『江戸のお白州 史料が語る犯科帳の真実』文春文庫／山本博文 逢坂剛 宮部みゆき『江戸学講座』新潮文庫／山本博文『学校で教えてくれない江戸時代』新潮文庫／山本博文『江戸の組織人』新潮文庫／山本博文『江戸の雑記帖』双葉社／山本博文『武士の人事評価』新人物文庫／河合敦『江戸のお裁き――驚きの法律と裁判』角川ONEテーマ21／安藤優一郎『鬼平の給与明細』ベスト新書／氏家幹人『旗本御家人――驚きの幕臣社会の真実』洋泉社歴史新書y／中江克己『図説 見取り図でわかる！ 江戸の暮らし』青春出版社／中江克己『お江戸の武士の意外な生活事情』PHP文庫／石川英輔『大江戸生活事情』講談社文庫／丹野顯『江戸の名奉行43人の実録列伝』文春文庫／丹野顯『江戸の盗賊 知られざる〝闇の記録〟に迫る』青春出版社／今川徳三『「鬼平」の江戸』中公文庫／藤田覚『日本史リブレット053 遠山景元 老中にたてついた名奉行』山川出版社／戸部新十郎『―名奉行と捕り物帳にみる―大江戸裁判事情』廣済堂文庫／稲垣史生『町奉行を考証する』旺文社文庫／稲垣史生『考証 江戸奇伝』河出文庫／稲垣史生『考証 江戸町めぐり』河出文庫／稲垣史生『考証 江戸を歩く』河出文庫／稲垣史生『図説 江戸おもしろ雑学知識』三笠書房／稲垣史生『すぐそこの江戸 考証・江戸人の暮らしと知恵』大和書房／稲垣史生『楽しく読める 江戸考証読本二 大江戸八百八町編』新人物往来社／重松一義『江戸の犯罪白書 百万都市の罪と罰』PHP文庫／名和弓雄『間違いだらけの時代劇』河出文庫／名和弓雄『続間違いだらけの時代劇』河出文庫／名和弓雄『拷問刑罰史』雄山閣／三田村鳶魚『鳶魚江戸文庫1 捕物の話』『鳶魚江戸文庫6 江戸の白波』『鳶魚江戸文庫14 目明かしと囚人・浪人と侠客の話』『鳶魚江戸文庫22 泥棒の話 お医者様の話』中公文庫／『歴史読本 特集江戸大坂捕り物百科』新人物往来社／『歴史読本 特集大江戸怪盗伝』新人物往来社／若桜木虔・長野峻也『時代劇の間違い探し 峰打ちをしたら刀は折れる』新人物文庫／村上直『江戸幕府の代官群像』同成社／『日本歴史館』小学館／ビジュアル。ワイド『江戸時代館』小学館／ジャパン・クロニック『日本全史』講談社／週刊百科『日本の歴史』朝日新聞社／『日本史総覧』新人物往来社／『朝日 日本歴史人物事典』朝日新聞社

切りとり線

★読者のみなさまにお願い

この本をお読みになって、どんな感想をお持ちでしょうか。祥伝社のホームページから書評をお送りいただけたら、ありがたく存じます。今後の企画の参考にさせていただきます。また、次ページの原稿用紙を切り取り、左記まで郵送していただいても結構です。

お寄せいただいた書評は、ご了解のうえ新聞・雑誌などを通じて紹介させていただくこともあります。採用の場合は、特製図書カードを差しあげます。

なお、ご記入いただいたお名前、ご住所、ご連絡先等は、書評紹介の事前了解、謝礼のお届け以外の目的で利用することはありません。また、それらの情報を6カ月を越えて保管することもありません。

〒101－8701（お手紙は郵便番号だけで届きます）
祥伝社新書編集部
電話03（3265）2310
祥伝社ホームページ　http://www.shodensha.co.jp/bookreview/

★本書の購買動機（新聞名か雑誌名、あるいは○をつけてください）

＿＿＿＿新聞の広告を見て	＿＿＿＿誌の広告を見て	＿＿＿＿新聞の書評を見て	＿＿＿＿誌の書評を見て	書店で見かけて	知人のすすめで

★100字書評……江戸「捕物帳」の世界

名前

住所

年齢

職業

山本博文　やまもと・ひろふみ

1957年、岡山県生まれ。東京大学文学部国史学科卒業。文学博士。東京大学史料編纂所教授。専門は近世日本政治・外交史。『江戸お留守居役の日記』（講談社学術文庫）で第40回日本エッセイスト・クラブ賞を受賞。著書に『日曜日の歴史学』『武士はなぜ腹を切るのか』『歴史をつかむ技法』など多数。

江戸《えど》「捕物帳《とりものちょう》」の世界《せかい》

山本博文《やまもとひろふみ》／監修

2015年12月10日　初版第１刷発行

発行者……………竹内和芳
発行所……………祥伝社しょうでんしゃ
〒101-8701　東京都千代田区神田神保町3-3
電話　03(3265)2081(販売部)
電話　03(3265)2310(編集部)
電話　03(3265)3622(業務部)
ホームページ　http://www.shodensha.co.jp/

装丁者……………盛川和洋
印刷所……………萩原印刷
製本所……………ナショナル製本

Printed in Japan　ISBN978-4-396-11447-3　C0221

〈祥伝社新書〉
江戸と東京のこと、知っていますか？

161
《ヴィジュアル版》江戸城を歩く
歴史研究家 黒田 涼
都心に残る歴史を歩くカラーガイド。1〜2時間が目安の全12コース！

222
《ヴィジュアル版》東京の古墳を歩く
考古学者 大塚初重 監修
知られざる古墳王国・東京の全貌がここに。歴史散歩の醍醐味！

240
《ヴィジュアル版》江戸の大名屋敷を歩く
歴史研究家 黒田 涼
あの人気スポットも昔は大名屋敷だった！13の探索コースで歩く、知的な江戸散歩。

280
《ヴィジュアル版》江戸の神社・お寺を歩く〔城東編〕
歴史研究家 黒田 涼
「江戸時代に江戸の町にあった」神社・お寺をすべて紹介！

281
《ヴィジュアル版》江戸の神社・お寺を歩く〔城西編〕
歴史研究家 黒田 涼
江戸の二大寺院、二大鎮守とは？目からウロコの新しい「江戸の読み方」